大正新教育

学級・学校経営 重要文献選

編集・解説 橋本美保・遠座知恵

第Ⅰ期 高等師範学校附属小学校における学級・学校経営

第4巻 東京高等師範学校附属小学校2・広島高等師範学校附属小学校

不二出版

凡例

一、『大正新教育 学級・学校経営重要文献選』は、大正期における学級経営、学校経営を論じた重要な文献、論考を精選し、全Ⅱ期・全10巻として刊行するものである。

一、収録にあたっては、執筆者が関わった学校別に分類した。収録内容は別表「収録一覧」に記載した。

第Ⅰ期 高等師範学校附属小学校における学級・学校経営
第1巻 東京女子高等師範学校附属小学校1／第2巻 東京女子高等師範学校附属小学校2／第3巻 東京高等師範学校附属小学校1／第4巻 東京高等師範学校附属小学校2・広島高等師範学校附属小学校／第5巻 奈良女子高等師範学校附属小学校1／第6巻 奈良女子高等師範学校附属小学校2

第Ⅱ期 師範学校附属小学校・公立校・私立校における学級・学校経営
第7巻 茨城県女子師範学校附属小学校／第8巻 富山県師範学校附属小学校・東京府女子師範学校附属小学校ほか／第9巻 公立校（田島小学校・神興小学校ほか）／第10巻 私立校（帝国小学校・成城学園ほか）

一、刊行は第Ⅰ期・第1回配本（第1－3巻）、第Ⅰ期・第2回配本（第4－6巻）、第Ⅱ期（第7－10巻）の全3回である。

一、編者による解説は、各期最終巻（第6巻、第10巻）に附す。

一、収録は、単行本の場合はその扉から奥付（広告頁含まず）までとした。論文の場合は冒頭部分（扉）から末尾までを収めた。削除箇所については、「収録一覧」及び本文中に注記した。

一、原資料を忠実に復刻することに努め、紙幅の関係上、適宜拡大・縮小した。印刷不鮮明な箇所、伏字等も原則としてそのままとした。

一、今日の視点から人権上、不適切な表現がある場合も、歴史的資料としての性格上、底本通りとした。

一、本配本刊行にあたっては、滋賀大学附属図書館にご協力いただきました。記して感謝申し上げます。

『大正新教育 学級・学校経営重要文献選』第Ⅰ期 高等師範学校附属小学校における学級・学校経営 全6巻

収録一覧

第1回配本・全3巻

巻数	巻名	文献・論考名	著者名	発行元・掲載誌名	発行年	収録範囲・備考
1	東京女子高等師範学校附属小学校1	学級経営原論	北澤種一	東洋図書	一九二七（昭和二）年	序論−六章
		学校経営原論			一九三一（昭和六）年	二−五章
2	東京女子高等師範学校附属小学校2	低学年教育原理と尋一・二の学級経営	坂本豊	目黒書店	一九二八（昭和三）年	
3	東京高等師範学校附属小学校1	自学中心学級経営の新研究	小林佐源治	目黒書店	一九二五（大正一四）年	一−三章、六章（一−六節まで）、一〇−一二章
		学校経営新研究			一九二九（昭和四）年	一−六章、九・一〇章、一八−二三章

4	東京高等師範学校附属小学校2・広島高等師範学校附属小学校	生活指導　学級経営の理想と実際	鹿児島登左	明治図書	一九二八(昭和三)年	一-一〇章、一五-一七章
		学級論	佐藤熊治郎	『学校教育』一七五-一七七、一七九-一八一号	一九二八(昭和三)年一-三、五-七月	一-一三(未完、八は欠)
5	奈良女子高等師範学校附属小学校1	学習法実施と各学年の学級経営	清水甚吾	東洋図書	一九二五(大正一四)年	一-一八章
		続　学習法実施と各学年の学級経営			一九二八(昭和三)年	七-一一章
6	奈良女子高等師範学校附属小学校2	学校経営の概観	木下竹次	『学習研究』二巻四号	一九二三(大正一二)年四月	
		学校進動の原理(学校経営論)		『学習研究』二巻五-七号	一九二三(大正一二)年五-七月	(一)-(三)
		学校の経済的活動		『学習研究』二巻九-一一号、三巻一-二号	一九二三-二四(大正一二-一三)年九-一一月、一-二月	(一)-(五)
		学級経営汎論	木下竹次	『学習研究』三巻四号(『新学級経営号』)	一九二四(大正一三)年四月	
		合科学習に於ける学級経営と其の功過	鶴居滋一			
		学習法の実施と学級経営	清水甚吾			
		学級経営案と学級経営	山路兵一			
		学級経営苦	池内房吉	『学校・学級経営の実際』二巻六号	一九二七(昭和二)年六月	
		父母としての教室生活	池田小菊	厚生閣書店	一九二九(昭和四)年	「序」-「教育の方法に就いて」

『大正新教育 学級・学校経営重要文献選』

第4巻 東京高等師範学校附属小学校2・広島高等師範学校附属小学校

目 次

生活指導　学級経営の理想と実際

東京高等師範學校訓導
鹿児島登左著

生活指導 學級經營の理想と實際

東京
明治圖書株式會社

序

顧みれば明治四十年十一月、はじめてなつかしい母校に奉職することになつて、一學級を擔任してこの方、はや二十年を過ぎてしまつた。高等小學校に三ケ年、尋常小學校に二ケ年の經驗をつんだ後は、今日まで附屬小學校の生活を續けてゐるので、此の間男子の學級も、女兒の學級も、單式學級も複式學級も、又尋常科の學級も高等小學校の學級も、殊に六ケ年の單級小學校も、およそ小學校の學級といふものは一通り經營するの機會を與へられた。これは、自分の訓導生活の內容を豐富ならしめたものとして、今では却て感謝してゐるところである。

此の長い間には、時勢は可なり變つた。社會の文化も進歩した。世相國情も決して昔のまゝではない。從つて一般思想界の變遷に伴つて、教育思想にも大いなる變化と動搖があつた。私のやうに明治の教育を受け、主として大正時代に實際の修養をつんで、昭和の今日に及んだものとしては、誰しも此の感じが強いやうである。

元來教育殊に學級經營は、理想であると同時に、又實際の事業である。かうありたい、かうすべきもの、といふ理想や希望は、決してそのまゝその通り實現し得るものではない。殊に學級内に閉ぢこもつて、學級王國を建設しようとするものには、往々此の理想が偏狹になり高遠に失する弊がある。だから本來ならば學級經營といふものは、一度校長になつて見て、學校經營の立場に立ち、又視學にもなつて地方教育の改善進步に關する責任ある地位について、はじめて學級といふ教育の實際的單位の經營に、適切妥當な方案が立てられるのであらうと私は思つてゐる。單に訓導生活のみで學級經營を說くのでは、或は我田にのみ水を引くことになるかも知れないからである。

然るに圖らずも亦尋常一年を擔任することになつて、今後六ケ年の教育的計劃を立てねばならないことになつた。此の機會に於て、一は過去の經驗を反省し整理し、一は我が學級經營の理想を定め、實際の方案を立てるのが私一個人としては便宜であるので、敢て卑見を纏めることにしたのである。固より不完全な小著のことであるから、大方諸賢の御參考にならうといふ自信はないが、せめて第一章、第二章、第三章、第五章第七章、第十章及第二十一章だけでも讀んで頂くことが出來れば、私の微意だけは了解して頂けるものと信じてゐる。

尙今まで奉職した學校、その先生方、中にも現在の東京高師附屬小學校と、その諸先生方に對して、厚く感謝の意を表したい。

昭和三年一月二十七日

著者しるす

生活指導 學級經營の理想と實際

目次

上編

第一章　敎師の自覺と學級經營の重視

第二章　學級の持つ新しい意義

第三章　學級精神・學級個性

第十章　學級經營の方針

中　編

第十一章　學習指導の態度

第十二章　各科の學習指導要領

第十八章　低學年（尋一・二）の學級經營

第十九章　中學年（尋三・四）の學級經營

第二十章　高學年（尋五・六）の學級經營

下編

第二十一章　教育活動と能率化・本質化

第二十二章　事務組織の能率化

第二十三章　設備・學習用具

生活指導　學級經營の理想と實際

―目次終―

生活指導 學級經營の理想と實際

鹿兒島登左著

上編

第一章　教師の自覺と學級經營の重視

この頃教育について最も愉快に感ずることは、お互教師の間に非常に自覺の高まつて行くことである。讀書をするにしても、講習を受けるにしても、單に上司や長上の奬めに從つてやるのでなく、自分の教育的生命に培ふ心持ちから、自ら選んだものに向つて修養をする。日々の學校生活に於て、兒童の生活を指導するにしても、只一片のお役目のつもりで、教科書の取次をするといふことではなく、兒童生活の價値化に對して、如何に教師としての本質的活動を爲すことが最も意義あることであるかといふことについて、その日〳〵の仕事にも、充分考へてやるといふ態度になつて行く樣が見える。少くともかゝる態度の教師が多くなつて行く事實がある。この教師の自覺的行動は、固よりすべての教師の、あらゆる生活に於て認められるわけには行かないにしても、教師としての十分自信があり、自己の仕事に信賴を持ち得る程の教師には、著しく現はれてゐる喜ばしい現象であると思ふ。

此の教師の自覺が凝結して、こゝに學級經營といふ近來の現象を呈するに至つた。私は近來の學級經營の研究の旺盛な情況を見て、ひたすらお互教師の自覺の賜であると認めてゐる。

この教師の自覺するに至つた動機や事情については、さま〴〵なことがあらうが、次に私の見るその事情について述べることにする。

第一節　新教育について考へさせられて

この頃教育界は餘程平穏になつたやうであるが、數年前一般の思想界の動搖した時代には、教育界に於ても所謂自由教育を始めとして、種々様々の教育思想が叢り起つたことがあつた。例の八大教育思想などいつて、講習會にも著書にも非常な賑かさを見せたことがあつた。二三の新しい學校には參觀者が目白押につめかけたものである。中には歐米教育の直輸入もあつたし、中には我が國でも相當考へられ、試された結果のものもあつた。

これ等の新しい教育は、大體兒童中心といふ根本思想に於て共通してゐるのであるが、勢の至るところは、所謂舊教育の攻擊となり現狀打破となつて、或は教師の不必要を唱へ、教師の教權を斥けるやうな言論となり、或は教科書の不用とか、教材とか教科案とかを輕視する空氣が濃厚となつた。これ等の新教育の創始者、主唱者には相當の根據も持つて居り、見識もあり、信念もあり、又手腕もあるから、何れにしても相當の成績を擧げることが出來るのであるが、これをぼんやり參觀したものや、只新潮を追はうと思つて、一時的の仕込みに出掛けたものには、到底定見がないから、見れば見るほど、又聽けば聽くほど益々迷を生じて、結局どうしてよいかわからぬといふやうな狀態に立ち至るのが必然である。

そこで多くの者が一應は所謂兒童中心でやつて見た。敎科書の敎材を斥けて、兒童の創作するもののみでやつて見た。敎師の指導を少くし、訓練や秩序などを學校の中から出來るだけ取り去つて、子供の自由な樂園たらしめようとして見た。ところが子供の自學は知らぬまに獨學になつてゐた。敎育をしようとして、却て敎育を非認するやうにもなつてゐた。

かうしてやつて見て果して如何なる敎育の好結果を得るに至つたかといへば、必ずしも最初豫期した結果には到達しなかつたやうである。のみならず、一方には思想的にも中正な考へが相次で唱へられ、或は却て復古的な思想にまで逆轉して來たので、極端な新敎育に走つたものも、其の反省のいゝ時期に入らざるを得なくなつた。而して一旦新敎育の洗禮を受けた敎師は、到底舊套をそのまゝ踏襲するものではない。この反省はやがて、正しい敎育への自覺となり、敎師としての正しく、且つ意義ある生き方を何れにか認めやうとするに至つた。學級經營といふ考へは、かうした眞劍なところから生れたものであると私は解して居る。だからこの頃の學級經營は、大體中正の道を辿つてゐるものが多い。而も新味を帶びものが多い。だから教育上では喜ばしい傾向であるといへる。

第二節　團體教育と個性教育との調和點

後に詳論する通り、今日の學校は團體教育である。これは大體には經濟上の理由に基くものであるけれども、しかし一面教育學上の根據も存するものである。元來我が國の小學校は學級といふ一團を以て、教師と兒童の生活團體を組織して、それによつて多くの教科の教授もするし、作業もさせるし、いろ〳〵の生活交渉を營むものである。

そこで團體教育である以上は、出來るだけその團體的教育の効果を擧げるやうに工夫せねばならぬ。學習にしても、作業にしても、遊戲にしても、會合にしても、到底個人々々の教育に於ては認むることの出來ないやうな、團體生活そのものから受ける効果を十分に收めることが出來れば、その學級としての團體教育が大なる意義を持つことになるであらう。

以上は團體教育の積極的意義であるが、團體教育は一面には止むを得ずやつてゐる場合が多いのである。一級六十人なり七十人なりの多數の兒童を一團として、一人の教師がすべての指導をなさねばならぬのは、如何に消極的の意義はあるにしても、苦しいことに相異ない。

然るに一面に於て今日では各兒童の個性を尊重せねばならぬ。各兒童の性能や素質に適應した教育をせねばならぬ。そして各兒童の個性を十分發揮させることが、其の個人にとつても、又團體自身にとつても最も大切なことであるといふことが力強く要求せらるるに至つた。

かうした團體教育の中に於て、如何にして各兒の性能に適應した教育を施すかといふことは、從來の如く單に學級を一團として教育してゐるのみでは、其の目的を達することが出來ないといふことが明かになつて來た。こゝに實際問題として學級担任者は其の兩者を如何に鹽梅すべきかといふ點について研究の必要に迫られ、自ら自覺も生じ、それが學級經營といふ一大問題となつたものである。

第三節　綜合的考察の傾向

教育は國家なり、教師なり、父兄なりの希望と努力によつて、兒童の生活を價値化する仕事である。子供の價値生活は、例へば科學的だとか、藝術的だとかいふやうに、或る價値の一面的なものに限定されることではない。身體的と精神的と物質的のすべての生活範圍に亘つたものでなければならぬ。換言すれば教育は全人格の完成であると考へねばならぬ。

教育を兒童の人格の完成への工夫であり努力であると考へることは、必ずしも現代の教育についてのみではない。只其の人格の內容については時代により、國によつて變遷がある。神に使へ、使の命に從つて生活するものを以て、人格者だと考へた時代もあり、ひたすら藝術に精進するのを以て人格の完成だと考へたものもある。或は道德的な人格、つまり善良な人格を以て人格の內容と考へられたのは、最も普通の考へ方である。其の他經濟人を以て人格の內容とし、宗敎人を以て人格の內容としたこともある。

かうした價値の一面のみを以て人格の內容とするならば、今日の十幾つかの敎科についても、或は國語科を尊重するとか、或は算術科を中心とするとか、或は修身科を首座に置くとか、或は體操科、唱歌科、理科等若干の敎科のみに全力を注いで、他の諸敎科等を閑にすることも許されねばならぬことになるであらう。抽象的な人格の完成といふ言葉に、輕卒な贊同を表しないのは尤もなことである。

況んや智育に偏したり、德育に偏したり、財育、美育、體育に偏したりすることは、その一部分について見れば如何に大切なことであつても、敎育といふ綜合的見地からは甚しく不滿足なものになるのである。そこで一學級を經營するに當つて、全人格の完成を目標とし、綜合的見地に立つて、全體の生活を考量して指導の完璧を期することが必要になるのである。現代の進んだ敎師は、日々の仕事について此の方面からも自覺して、其の完全を期さうとしてゐるといふことが出來る。

第四節　自發的・個性的な研究態度

現代の敎育思想について見れば、著しく兒童の自發的學習態度を强調し、且つその個性を發揮させることに努めねばならぬやうに考へられて來たことは、上述の通りであるが、此の思想的傾向は、同時に敎師の研究態度についてもまた窺ふことが出來るやうになつた。

凡敎師として十分其の個性を發揮して、其の個性を以て、自己の眞價を認められようとし、全體の爲めにも盡さうとする意義込は、この頃よく行はれる㈠研究發表會などの旺盛なこと、並にその行事や組織について見れば極めて明かである。又㈡學校内の日常の研究、研究分担なども、殆んど此の見地から行はれてゐるやうに思はれる。㈢自己の研究にも他校參觀にしても、同樣に此の傾向は察せられるのである。㈣其の他雜誌の上で發表したり、日常の言論を聞いたり、平素の教授上、執務上について見ても、やはりかうした空氣は次第に濃厚になつて行くものゝやうに見える。

此の傾向、空氣は教育上好ましいことは言ふまでもないことである。若しも子供に自發的な學習態度を指導し馴致しようとしてゐるものが、自ら自發的な態度にまで自覺し、且つ生活し得ないならば、其の結果の知るべきばかりでなく、主客を顚到した笑止千萬なことであるからである。個性の尊重發揮について見ても同樣であつて、元來個性には教師の個性、兒童の個性、及び教材の個性の三方面があるのに、從來個性尊重といへば、ひとり兒童の個性のみがすぐに思ひ出されるやうな、極めて局部的のものであつた。それでは眞の個性教育をやらうとしても實行は不可能である。教育は個性ある教師が、個性ある教材を以て、兒童の個性に影響を與へる仕事である以上は、教師が自己の個性を自覺して、其の長所に向つて全幅の努力を抱き、自己も兒童も共に滿足するやうな意義ある活動になることが望ましいのである。幸に今日の教師は此の點に向つて自覺することが出來るやうになつた。新しい學級經營は、この教師の自覺と生活に依つて、自發的に行はれるものであり、且つ個性味と新味とを有するものである。

第五節　訓導の生命

訓導は只校長の下に、毎日毎時間定りきつた仕事をするといふのであつたら、誠に無意義な生活に終るのであるが、一度學校教育の本義を自覺するときには、其の本質的活動に於ては、たしかに校長よりも訓導の仕事の方に多くの意義があり、從つて趣味も湧くものである。大學の教授などになると、學術の研究に沒頭して、自分の專問とする學術に創作的な研究が進むといふ點に、無上の興味を感ずるであらう。よく學者が本當に文字通りに寢食を忘れて研究するといふ事實があるが、尤もなことであるといへる。ところが小學校の教師、殊に訓導になると、さうした專問の學術の研究といふ點に自己の生命を認むることは遺憾ながら出來難い。

校長になると、全校の統一といふ重責を有するものであるから、多くはさうした方面に頭を支配せられることになる。兒童の敎育よりも敎師の活動を十分ならしめるために、いろ〳〵の工夫と苦心をせねばならぬ。學校經營者としては外部との圓滑なる交涉にも努力せねばならぬ。であるから、事務的方面に興味を有する敎師であるか、それとも統率者としての活動に手腕を發揮しようとする敎師は別として、直接兒童に接觸して、その日に月に成長し、發達することを樂むといふ敎師、換言すれば、敎育の本質的活動に興味を抱く敎師としては、校長としてよりもむしろ訓導として、よりよく自己の敎育的生命を滿足に伸ばし得るものである。私などの記憶をたどつて考へて見ても、自分の受持であつた先生といふものは最もよく記憶に存してゐる。殊に一年生の時の受持の先生と、卒業の際の受持の先生といふものは格別の印象があり、同時に感謝の念の深いものである。自分が敎師となつてからの事を顧みても、やはり自分の受持つた子供が卒業して、中學や高等女學校に進んだり、高等學校や大學と進んだり、中には社會的に相當な地位を得て活動してゐるものがあるが、それ等のものから、或は同窓會の場合の會談や、其の他四季折々の音信消息を受けることなどを見て、今尚私などに對して師事する事を見る度に、つくぐ教師といふ仕事の尊いことを感ずるのである。

而してそれ等の特別な親しみなり、感謝なりといふものは、訓導として、平素自分の手鹽にかけて、叱つたり、教へたり、遊んだり、一所に遠足をしたりした子供であるのを考へると、之は訓導として子供の教育に當つた其の事實から生れた結果であつて、何も校長だ主事だといふやうな高い地位から生じたものではないことは明かである。かうした教育の趣味がだんく味はれるやうになると、こゝに自分の仕事に安心を得て、日常の仕事にも活動にも、本當の意義を摑むことが出來るやうになるであらう。そこに學級經營といふ眞面目な態度が現はれるのである。

第六節　部分と全體との關係の理解

廣く學校經營といふものを考へて見ると、若干の學級が其の經營の單位となつて、しつかりした學級が出來て行つて、それが全體としても步調が揃つてゐるところに立派な學校といふものが實現するものである。從來の敎育の實際を概觀すると、普通の小學校であれば、有爲な立派な校長の下に、或は新進な訓導、或は老練な訓導などが若干ゐて、校長の考の下に特に優良な學級が學校の中に幾つか出來る、他の學級はその優良な學級の氣風を受けて、自然に全體としても立派な學校となり、優良學校として推賞せられるやうになつてゐる。學校の中心となつて學級經營の範を示すものは、二三の優良な訓導であるが、それが校長の人格と手腕の下に統一せられてはじめて校長の功績として外部に認められるのである。

ところが附屬小學校は大概學級單位の活動が主となるのであるから、其の全體としての統一は比較的にとれ難いといふ事實がある。普通の小學校に於ても、若しも訓導が學級に立て籠つて、學校全體のことを考慮することがなかつたならば、それは其學級としても到底完全な發展を見ることが出來ないのである。

一體今日の社會生活といふものは、益々復雜化して行くものであつて、到底一人のみの力では大なる事業を爲し得るものでない。社會生活は一面には次第に分化して行くものであるが、同時に他の一面には又益々統一せねばならぬやうになつて行くものである。

分化と統一とは社會生活の二面であるが、相合して初めて社會の發展を來すものであると思ふ。學校生活も一つの社會生活である以上、多くの學級が分立して多くの教師(訓導)が、夫々信ずるところに向つて活動するやうになると同時に、多くの學級の間に、又多くの教師(訓導)の間に、互に理解と協力とが出來て、相俟つて學級の經營を進めようとする行き方は、社會生活の理法にも合することであり、訓導も校長も共に生きる所以の道であるといふことが、次第に自覺されて來たやうである。つまり訓導は校長の任務を理解し、校長は又訓導の生命を尊重するといふ美風が、今日の學級經營の上に自然の基調をなしてゐると思はれる。かやうに學級經營と學校經營とは、相互に理解し協力せねばならぬことが自覺せられて來たことは、誠に喜ばしい現象である。

以上擧げたやうないろ〱事情から、今日の學級經營が發展して行くのであるから、學級經營は教育上極めて意義あるものだといふことが出來る。

第二章　學級の持つ新しい意義

第一節　學級教育

一、教育の單位

例へば家庭に於ける教育について考へるならば、父母(親)と若干の子供といふものが不可分の一團となつて教育の單位となつてゐることがわかる。又軍隊に於ける教育の有様を見ると、中隊といふものがやはり教育の單位となつて、中隊長が教育の計劃、實施の全般に亘つて其の責任の地位を占めてゐる。

これを學校の教育、特に小學校の教育について見るならば、學級といふものが丁度軍隊に於ける中隊のやうな立場であつて、學級担任の教師が恰も中隊長のやうな地位に立つて、教授・訓練・養護の全般に亘つて、其の計劃と實施に努力してゐるのである。小學校に於ける學級は、かやうに全く教育の單位となるものであるから、教育の實績は學級教育の實績であるといつても過言ではない。

二、學級教育

今日の小學校は全體の兒童を若干の學級に編制して配屬せしめ、學級担任といふ主任の教師(訓導)の統一ある教育的活動に任せてゐるものである。現今の學校教育は、つまり幾つかの學級教育の綜合したものである。であるから此の學級教育といふことについては、何も今に始まつたことではなく、既に數十年の經驗を經てゐるものである。學級教育をなすに至つた事情については、既に述べた通り少くとも教育的の理由と、經濟的の理由とがあるであらうが、今日に於ても此の學級教育そのものについて、これを無視するとか、無用の長物視するものは、ごく特殊の人の外はないやうである。

けれども其の學級教育といふものゝ內容については、已に從來も幾度かの變遷があつたことであるが、現在の教育學者、並に教育實際家の間に考へられてゐるものには、さまざまの考へ方があるといはねばならぬ。今學級經營を深く考察するに當つて、先づ學級教育の持つ最も新しい内容は果して如何なるものであるか、從つて學級といふものは、如何なる性質を有すべきものであるか、學級經營は如何なる見地に於て學級を考へてかゝらねばならぬものであるか、等の點について、こゝに考察したいと思ふ。

第二節　編制及設備上の單位としての學級

一、先づ教育行政上から學級といふものを見るならば、我が國の現在の制度によると、

「學級とは一人の本科正教員が、同時に、同教室に於て、教授するところの兒童の一團(尋常科七十人以下、高等科六十人以下)を指す。」

ものである。明治二十三年以前までは、學級といふことと、學年又は等級といふことの區別が明かでなかつたので、或は一團の兒童を級とか年級などゝ唱へ、單に等級を意味してゐたものである。けれども今日では學級には學年とか等級とかの

意味は全然無い。だから學級の中には、全く同一學年の兒童のみで出來てゐるものもあれば、又二ヶ學年乃至六ヶ學年の兒童を一學級としてゐる場合もあるのである。現に複式學級や單級小學校などは其の例である。又同一學年の兒童でも幾つかの學級に別つて編制する例は澤山にあることである。故に今日では學年と學級とを同一視することは全然誤りであるといはねばならぬ。

而して小學校の經費豫算といふものは、やはり此の學級數を基礎として計上するものであるから、學級數の多少は、直に其の學校の人件費と物件費とに關係することになる。一つの學級でもこれを增減することについて問題を生じたり、一學級の兒童數に可なりの無理をも敢てせねばならぬのはそれが爲めである。

二、學級教育に於ては、其の主腦者は言ふまでもなく、學級担任の教師である。その學級擔任の教師は謂はゞ教育戰線に於ける第一線に立つて、自ら指揮刀を振ふべきものであるから、其の人格、手腕、學力、並に信望の如何は、直ちに團兒全體の志氣と成績を左右するものである。國家が自ら國民教育を必要として、十分の希圖を以て、其の徹底を圖る以上は、か丶る重任を帶ばしむるものは、國家の認めて以て適當なりとする人物でなければならぬ筈である。國家は即ち其の國民敎育の適任者であり、學級擔任者であり、而して敎育活動の第一線に立つものを本科正敎員としたのである。學級は本科正敎員でなければ擔任し得ないのであつて、專科正敎員、准敎員、代用敎員に對しては、國家はそれだけの信任を拂はないわけである。

三、けれどもたとへ本科正敎員といつても、一人で無制限に擔任し得るものではない。一人の敎育力には限りがある。殊に個人の特性を考慮して、成るべく個性に適應した敎育をしようとする今日の敎育に於て、如何に經濟上止むを得ない事情はあるにしても、一學級の兒童數を一定の限度に止めて、それ以上に超過せしめないやうに法を以て保障してゐる所以は、單に本科正敎員の地位を憐む心持からではなく、國家自身の爲めに敎育の十分なる徹底を期するが爲めである。だから非常の場合は、其の人數の制限を超えて、尙一學級につき十人迄は之を多くすることを認めるわけである。

本來ならば一學級の兒童數は少いほど有効に教育が徹底して行へるといふことがいへる。若し兒童一人につき、一人の教師がついてゐて、其の兒童の素質・性向にピッタリ合致するやうな教育が行はれ、かゆいところに手の屆くやうな個別的な教育が出來るならば、それは兒童の爲めにも、教師の爲めにも、誠に望ましいけれども、それは單なる空想として聞くに過ぎないことである。國家は學校を設け學級に編制して、一人の教師に五十人六十人といふ多數の兒童の教育を負擔せしめるのは、これは當然なことである。如何に世の中が變つても恐らくは一兒童に一教師といふ教育は來さうにない。のみならず後に詳論する通り、學級教育・國體教育には、それ特有の効果があるのであつて、學級には積極的意義が教育上認められる。むしろ其の方面を大いに發揮せしめるやうに工夫することが、今日の學級經營の持つ新しい意義である。そこで問題は學級では兒童の質を考へると同時に、其の數をも大いに考へねばならぬことになる。

第三節　教授の單位としての學級

一、從來兒童が何の爲めに學校に行くかといふことを、どう考へてゐるかといへば、學校には教師から學問を教へて貰ひに行くのだといふやうに考へてゐるのが普通である。父兄も大體そう考へてゐるといつてよい。教師でさへ或はそれ位に考へてゐるのかも知れない。幾つかの學科を、定められた時間割に從つて、一定の合圖によつて、次の合圖のなるまで教授する。教師は自分の知つてゐる教材を、教具の助けを得て兒童に理解し記憶させることが、日々の仕事であるといふ風に考へてゐるかもわからない。その結果は知育に偏し、學科の切賣りになること、恰も中學校は高等な學校の程度の低いことをやつてゐる如く、小學校では又中學校の程度のもつと低いことをやつてゐるといつたやうな風になるのである。

二、けれども今日小學校教育の使命をもつと眞面目に考へるならば、教師が新教材を傳達し、舊教材を復習し、實物・繪畫・標本等を教師が持運んで、其の時間々々の教授を濟ませればそれで能事了れりと考へるやうな學科中心、而も分立した學科の教授を以て學校の仕事と考へることは、時代錯誤の甚しいものである。尤も、教授を直に教師中心だと考へ、所謂學習を直に兒童中心だと考へるやうな、言葉の爭ひはこゝではどうでも差支へないが、事實に於ては兒童が自ら賦有する價値の感受性と形成力とを十分に發動せしめることによつて、次第に自己發展を爲させるやうな工夫と努力とがなければならないと思ふ。それが爲めには教師はひとり自己を培ふことばかりでは十分でなく、學級内の空氣といふものを成るべく其方へと導かねばならぬ。學級經營は其の主腦者が教師であるけれども、兒童と共に學習するといふ氣分になり、兒童の學習動機を旺盛ならしめる工夫と努力とがなければならぬ。

第四節　作業團體としての學級

一、近時教育上の新しい着眼には作業を重視するといふ傾向がある。作業は遊戯と職業との中間に立つ教育上の手段の一つであつて、主として筋肉の活動に訴へるものである。作業教育は筋肉運動主義の教育、行動主義の教育と極めて密接なる關係を有するものであつて、輓近の情意の陶冶を重んずる心理學及教育學の共に重視するものである。

又作業教育には、當然或る種の努力を有するものであつて、計劃あり、注意あり、且つ努力があつて作業は完成するものであるから、必然勤勞教育とも近いものになるわけである。作業教育は殆んど勤勞教育と同視してもよい位である。

この作業教育は、從來の單なる學習教育、即ち文字や聲音の上の教育、教科書の上で思索する教育の缺陷を認めて、それを補ふ爲めに考案せられたものである。實際に有爲な人間を作るには、どうしても此の作業により勤勞によらねばならぬと考へられるに至つた。

二、ところが共の作業も實は更に一歩を進めて共同作業といふところまで發展することになつた。單に個人々々がコツ〳〵として作業をなすことにも大なる教育的意義はあるが、一團の兒童が共同して或る種の作業を爲すといふことは、作業による勤勞、情意の陶冶の上に、更に協同の體驗と訓練を爲さしめるものであるといふことが明かである。

共同して作業を爲すにしても、或る一つの共同目的を定めて、各兒は其の一部分を分擔し、その各兒の作業結果を結合して、一つの共同目的を達成するといふことが最も普通な場合である。かゝる共同作業に於ては、各兒は分擔と協力との相互關係を如實に體驗することが出來るのであるから、共同生活の原理が最もよく會得されるわけである。共同作業が次に述べようとする生活團體としての意義をも併せ有するのは此の意味からである。

三、作業は學習についても多く之を認めることが出來るが、又學習を離れた意味に於ても之を認めることが出來る。例へば手工や圖畫のやうな場合の學習作業や、算術や理科の場合の實驗測定の如き作業などは、明かに學習としての作業である。ところが掃除をするとか、植物や動物の栽培飼育の如きものは、直接に學習とらふことではないが、やはり學校生活中大切な作業の一つであるといへる。これ等の作業は、全然獨立して各個人でも爲し得るけれども、又數人或は全級の兒童が共同して、分擔と協同の理法に依つて爲すことも出來るものである。晩近の學級經營の新しい意義は、むしろ其の共同的な作業を爲し得るやう、各兒の行動を調整し考慮する點にあるといはねばならぬ。

第五節　生活團體としての學級

一、最後に最も重要な點に到達した。社會共同生活の發展はひとり教育界に限定せられたことでなく、二十世紀に於ける最大發見といつても過言ではあるまい。教育界に於て個人を發見し、兒童を發見したといふことは勿論重要なことであるけれども、此の個人の發見といふことは、經濟にしろ法律にしろ、政治にしろ、宗教にしろ、乃至は藝術にしろ、已に十九世紀以前の發見に歸せねばならぬ。教育界はむしろ此の點については後れたる感がある。教育に於ては兒童そのものが中心とならねばならぬことには異存はない。又個人の自覺に基いて、各人の個性に適應するやうに努め、個性の發揮を圖るといふことも固より當然のことである。個人の完成を離れては社會の完成はない。個人の十分なる發展なくては、やはり社會も亦十分な發展のある筈はない。只個人生活を全然個人の爲めと考へ、個人を最高原理として行動する時には、個人そのものも決して完成し得るわけがなく、社會も亦完成し得ないものであることが、各人の間に理解せられるならば、個人の完成は同時に社會の完成と相伴はねばならぬ。自立と同時に協力を必要とし、個人の發展と共に共同への奉仕といふ眞理が亦會得せられねばならぬわけである。つまり個人は孤立した個人ではなくして、團體中の一人であること、共同生活を營んでゐる一人であるといふ自覺が出來れば、自己發展と共同奉仕とが適當に調節せられることになるであらう。此の社會生活の妙味は、勿論小學校といふ社會、殊に學級といふ一小團體に於て、十分の意味に於て體驗し得るものとは考へられないであらうが、しかし一つの學級にしても社會生活の眞理たる分化と統一の關係、分擔と協同の關係、換言すれば個人と團體との關係といふものは立派に體驗し得るものである。學友並に長上との交際關係も、學友相互の刺戟・制裁・砌磋の關係も、皆體驗し得るものである。若し教育といふものが、定められた時間割に從つて、學科課程を學習するものと考へるならば、學級の一面の意義しか果してゐないといはねばならぬ。學級に於て私どもの工夫と努力とによつて、學習と作業と、あらゆる生活とが、すべて有機的の一團の生活となつて融合して、全體の爲めに奉仕することの外には、個人を強くしたり、立派にしたり、發展させたりするよい方法はないといふ眞理を、各兒童が他人にも經驗させ、自分も體驗するやうになるならば、その學級は一つの立派な眞實の社會であり、其の一員たる各兒童は社會人となつてゐるのである。小公民ともなつてゐるといつてよい。

二、獨逸でこの頃新しく研究されてゐる學校に、所謂實驗學校なるものがあるといふことを聞く。ゲマインシャフツ・シューレと稱せられるものであつて、內容上から見て社會學校とか共存學校などゝいはれる通り、この學校は共存の原理が行はれて居る學校である。單なる教授學校ではなく、學習學校でもない。此のゲマインシャフツ・シューレには三つの重要な意味があるのであつて、一は一團の兒童がすべて負擔を別つといふことである。二は教育的の學校であつて、主知的な教授學校ではないことであり、三にはこれ等をすべて體驗させることによつて其の目的を達しようとするものである。

以上の特色を有することの新しい學校は、學習も作業も、すべての生活が、社會共同生活の根本精神を認めさせ、體得させようといふ原理に歸一せられてゐるものである。だから學級の兒童は、全體の安寧幸福發展の爲めには、利己的の要求や、主我的の主張を自ら抑へつけるやうな習慣を養はれることになるのである。學級内には有力な兒童もあり、無力な兒童もあり、學力の優劣、體力體骼の强弱、氣力の相異があつても、何れもすべてが學習と作業と生活に於て、有機的に結合して、相應に認められ、相應に發展し得るやうな組織となり空氣が漲つてゐるものである。

第六節　理想的學級

以上簡單ながら各種の意義を有する學級並にその經營を考察した。學級は一つの組織ある集團である。學級兒童は何れも集團を構成する一員である。故に學習するにも作業するにも、すべて生活の各方面について、それがたとへ獨自になされたにしても、又共同して爲されたにしても、自分の力と全體の力との一致を感得するやうにならなければならない。各個人は、たしかに自分の力が學級全體の流水の中に注ぎ込んでゐるといふことの自覺が出來るやうにならなければならぬ。かくして學習にも作業にも、遊戲にも、會合にも、交際にもすべての生活に血が通つてゐることになると思ふ。學級内の各兒童は、學級の奴隷ではなくて、むしろ學級を建設し、形成する人であるとの自覺が得られねばならぬ。學級は單なる機械的の衆合でもなく、路傍の群集でもないのである。利害得失はいふまでもなく、自我の完成發展　共にするものでなければならぬ。此の意味に於て敎師も多數の兒童も精神的に融合し、有機的に結合せられねばならぬ。私はかうした境地に於てのみ眞の生きた血の流れてゐる學級經營が出來ると思ふものであつて、かうした方向に向つて、細心の工夫と、專心の努力を爲すことが、つまり學級經營者としての訓導の生きる最善の道であると信ずるものである。而して初めて眞の社會人の基礎的陶冶に貢獻すること、社會生活の深化に參加した甲斐があるといふものである。訓導としての安心をかうした天地に發見したいといふのが私の切なる念願である。

第三章　學級精神・學級個性

第一節　學級は目的的・組織的集團生活である

一、個人生活と集團生活

前述の通り人は大人であらうが子供であらうが、一個獨自の存在であつて、他の何物を以てしても替へることの出來ないものである。其の獨自性は曩に縷說した樣に、一面には個人生活として保たれて行くが、同時に常に集團生活の中に於て砥礪せられて行くものである。集團生活の結果その獨自性は修正せられたり補足せられたり、方向を變更したりして、集團の中で次第に完成するものである。だから純然たる個人生活といふことは、人には有り得ないことであつて、人といふ以上は社會人であり、集團人であることは否まれない。但し其の社會を組織し、集團を構成するものは、飽くまでも個人であるから、そこに個人の獨自性が嚴として存在するのである。

二、集團生活の樣相

一口に集團生活といつても、それには樣々のものがある。わかり易いやうに先づ表解して見よう。

- 集團
  - 單純集團（群集）
    - 一時的集團、（烏合の衆）
    - 偶然的集團、
  - 連續性集團
    - 自然的集團
      - 血緣的集團、
      - 地域的集團、
    - 人爲的集團
      - 目的的集團、
      - 傳承的集團、
      - 混合的集團。（目的・傳承）

(一)單純集團

この種の集團は其の結合の原因も、其の期間も、又其の强さも極めて單純で、且つ弱いものであつて、群集たるの域を脱しない。これは尚次の二つに別つことが出來る。

甲、一時的集團、

これは何等の統一も組織もなく、只何等かの事情によつて、全く一時的に集合した多數人である。所謂「烏合の衆」といふ程度である。途上何事が事故の生じた場合に、一寸足を止めて群り集る人々の間に、よく此の姿が現はれてゐる。

乙、偶然的集團

これは必ずしも時間的には短いとはいへないが、其の集團の成立が全く偶然的なものであつて、登山者の道連れであるとか、同じ列車や汽船に乗り合はせた同士などは即ちそれである。これになると、或る程度まで利害を共にし、目的を共通にするものであるから、たとへ其の成立は偶然的であつたにしても、案外な緊密な共同心と親しみとを生ずるものである。中にはこれが機縁となつて、更により以上の深い集團を結ぶことになるものもある。

（二）連續性集團、

此の集團は其の成立の事情によつて、自然的と人爲的とに別つことが出來る。

甲、自然的集團、

自然的集團は自然の事情によつて成立した集團であつて、それにも亦二つの異るものが認められる。

(1) 血族的集團

血族的集團は血緣血統によつて生ずる集團であつて、家族集團はその代表的のものである。親子夫婦を中心とする家庭は、最も著しい親密な强固な集團である。それより次第に血緣關係の薄弱になるに從つて、(い)近親集團があり(ろ)氏族集團がある。更に遠くなると、人種的・民族的集團もあつて、此の最後の民族的・人種的集團にしても、其の結合力の强固なことは著しいものである。民族自決とか、國際間の戰爭などが、此の集團心から爆發する例は常に見るところであり、白人種と黑人種乃至黃色人種との排斥も亦此の集團心の强烈な發現からである。

(2) **地域的集團**

これは住地の近接するものゝ間に生ずる集團であつて、元來地理的の關係を基とし、それに行政上の關係が加つて、同一地方に住する住民の爲す集團である。島國の人民には此の意味の集團心が最も強くなる。現在の同一市・町・村に住する者、同一府縣に生れたものは、同じ市民といふ感じ、同縣人といふ集團意識が極めて強く現はれるものである。

これ等の集團は同一の自然的條件の下に、共通の歷史と傳統とを有し、又多くは利害を一つにするからして、其の思想も感情も習慣も同一になり易く、從つて强固な集團となり易いのである。或る部落の間に、非常に强い此の集團を見ることがあるが、それには血緣的の意味も加味せられてゐる場合が多い。最も此の點について明かなのは、日本の國土に生れた我等日本人といふものは、其の血緣的關係と相俟つて、强烈なる日本人の集團を結成し、日本の國を組成してゐるのである。而して血緣的關係は地域的關係にも增して其の關係が濃厚であるから、血族的集團の結合力は、地域的集團の結合力よりも强いのが普通である。日本人であればたとへ日本に生れなくとも、やはり日本人の集團に加盟するのである。

乙、人爲的集團、

これには次のやうな三つ集團が成立する。

(1 目的々集團、

先づ第一は目的々の集團である。

これは共通的の目的ある組成員が集團を構成するのであつて、其の特色は

イ、組成員共同の目的があること。

ロ、各員は集團の性質を知り、目的を自覺してゐること。

ハ、其の目的を達するに有效なる組織を有すること。

である。故に目的々集團は又組織的集團といふことが出來る。目的々集團の目的とするところは、

イ、娯樂慰安に屬するもの、
ロ、修養勉學に關するもの、
ハ、營利に關するもの、
ニ、公共的慈善的なもの、
ホ、階級擁護の爲めのもの、

等に別つて考へることも出來る。(イ)娯樂や慰安に關するものは、社交倶樂部や、會合等であつて、音樂、圍碁、將棋、カルタ、庭球、野球、ゴルフ蹴球、登山、スキー、乘馬、旅行、漁獵、觀劇などのフアーンの間に中々多く成立するものである。これ等の集團では組織の整然たるものもあれば、極めて自由なもののもあるが何れにしても同好の士の有爲的な集團であるから、氣心もしつくり合ひ、集團精神は中々旺盛になるものである。(ロ)修養や勉學に關する集團は一層眞面目なものであつて、學校や學級などは、卽ち其の代表的の集團であらう。學級經營はかうした目的々・組織的な學級集團として立派な意義を發揮しようとするものである。(ハ)營利の目的を以て成る集團は、最近最も著しく發達しつゝあるものであつて、株式會社を代表として、會社、銀行、工場、集會所、會議所等の如きものが澤山にある。(ニ)公共的慈善的のものになると、赤十字社とか救世軍とか、共濟互助の會とか、多くの病院等にその例を見るのである。(ホ)最近の現象の一つである自己の屬する階級擁護の爲めの集團は、著しく其の集團精神を發揮するに至つた。彼の小作組合とか、地主組合とか、借家人同盟とか、何々爭議團、或は同愛會などは皆其の好例であるといへる。

(2) 傳承的集團

次には古い傳承によつて結合せられてゐる集團もある。純然たる傳承的集團は我が國にも其の例が少いが、舊幕臣のみで會合してゐるものなどはそれである。

(3) 混合的集團(目的と傳承)

これは一部分は傳承的であるが、一部分は目的々である集團であつて、目的々集團も、古くなれば、自ら此の種の集團になり、傳承的集團も世の進歩に伴ひ目的を自覺するに至るものであるから、混合的になる傾向がある。我が國では古い歴史を有する早稻田や慶應や同志社等の私立大學には此の意味が深く存する。又我が國獨特の神社には、氏子といふものがあつて、産土神社として尊崇せられるものがあり、やはり混合的集團を形成してゐるものといふことが出來る。

三、學級と學習團、

そこで學級といふ集團は果してその何れに屬するものであらうかといふことを考へて見ると、大體今日の學校といふものゝ性質から考へて見て、學問修養を目的とする目的々集團であり、組織と體系ある指導とを爲す人爲的な、連續性を持つ集團であるといふことが出來るであらう。しかしながら、副次的には次のやうな意味もあることは勿論である。

イ、地域的集團性質を加味すること。今日の小學校は市町村立を本體としてゐるので、同じ市なり町村なりのものが集つてゐる團體である。中には一つの部落のみのもので出來てゐる學校もあるから。

ロ、偶然的集團の性質も確かに認められる。學校で學級を編成する實際を見ると、其の年入學すべき兒童を或は一學級なり、或は數學級に分つなりして、其の一團の兒童に、一人づゝの教師が擔任となるものである。擔任の教師と、擔任せられる兒童との關係は、入學後偶然的に結ばれるものであつて、兒童にも父兄にも師を選ぶの自由は認められないのである。勿論教師の側にしてもやはり自分の擔任すべき兒童を勝手に選ぶといふ自由は與へられてゐない。昔は師を慕つて其の師に對して弟子の關係を結ぶ爲めにわざわざ出掛けて行つたのであるから、入門の形式もいつたわけであるから、最初から精神的な關係が現在のやうな偶然的な、機械的な場合とは決して同一ではないのである。たとへ教師の方で自分の擔任する兒童が氣に食はなくとも、又兒童の方で擔任の教師を無能と思ひ、嫌ひだと考へても、どうすることも出來ないものである。師弟の關係は偶然的に、入學後に生ずるといふことは、かゝる精神的な集團生活を有意義ならしめる上に甚だ遺憾なことであり、集團的精神の發揮の上にも好ましいことではない。そこは公立小學校よりも、むしろ私立の小學校の方が教育的に却て好都合な點である。ハ、今一つは目的の自覺が十分でないことである。學級の組成員は教師は別として、兒童は其の目的を十分に自覺してゐるものでない。學級の性質についても眞の自覺が兒童にある筈はない。そこに目的々集團ではありながら、兒童本人から見れば其の機能が十分發揮されない情態にあるのである。

以上のやうな事情が學級といふ集團にはあるから、成るべく之を組織的な集團に誘導せねばならぬ。此の點については次の事項を參考したいと思ふ。

組織的集團を形成するに必要な條件

組織のない一時的の群集をして、やゝ高等なる行動を採らしむる條件を擧げると、其の各員の心中に明確な共同目的の出現することである。例へば玆に北米アメリカに居る白人が、重大なる犯罪の嫌疑ある黑人を私刑せんとして、一つの集團を作つたとすると、此の場合彼等の行動には群集に特有の性質が現はれる、即ち情緒及び衝動から起る亂暴、殘忍、抑制力の缺乏、責任感の減退、暗示感情の高潮。さては熟慮して正確なる判斷に到達することが出來ない。證據を考料することの出來ないといふ特徴が現はれる。が普通群集に見るやうな動搖性はない。卽ち偶然の印象に左右されたり、共通の目的に反對するなど丶云ふやうなことはなくて、確乎たる決心を以て犧牲者を把へ、之に刑を行ふ。か丶る場合各人は恐らく獨居の場合には爲し得ざる慘酷、向ふ見ずのやり方をするものである。そして一旦散解するや、各人は靜かに眞面目に家に歸る。觀察者の報告によると、か丶る群集の行動と、個人のそれとは、實に豫想外の相異があるといふ。此の種の群集の行動から所謂一般意志、或は集團執意の問題が起つて來るのであるが、通例の群集の行動は如何しても有意的行動の域に進んで居ないで、意志的と云つてもか丶る行動は衝動的意志行爲の部類に屬するものである。然るに此の場合の群集行動は、群集各個人の決心から出て居るから有意的行動ではある。しかし此の場合若し集合せる各人の心中に集團全體の意識があり、其に伴ふ情操があつてしたものとすれば、其は一般意志、集團執意の現はれたものであるとも觀られるが、唯共通の目的に對して、同じ樣な行動を把つたに過ぎないとすれば、其は一般意志の發現したものではない。

組織のない群集では、たとへ其の各員が、同一の理想感情を持ち、共通の慾望意志を持つて居ても、其の集團の精神生活は一般に低いものである。かゝる精神生活を更に高等な段階に上げるに必要な條件が五つある。集團生活の一層根本的條件となるものに就ては別に述べるを適當とするが、尚其の外に一の集團精神生活を作るに有利な條件を左に擧げよう。

(一)その第一ともいふべき條件は、集團が或る程度迄存續するといふことが必要である。之は他の四つの條件の基礎となるものである。しかし存續といつても、其の內容が存續する場合もあり、其の形式が存續する場合もある。即ち同一の個人が連續的に同一の集團を作つて居る場合もあるし、各個人は交替して、其の交互に占める地位の組織が存續する場合もある。最も永久的な集團になると、或る程度迄は此の兩者が連續するものである。即ち集團の內容が連續すると、或る程度迄は形式上の連續も自然に其の中に出來てくるからである。例へば立派な發達を遂げた國民の如き最も高等な集團になると、此の兩形式が高い程度に現はれて來る。

(二)集團を作る大多數の人の心中に集團といふものに對する纏つた觀念の出來て

くることである。

其の性質、組立、機能、能力、及びそれを作れる個人と、其の集團といつたやうな考の出來てくることである。此の條件も亦重要なもので、發達の程度の高い集團生活には必要なものである。此の觀念が其の集團の間に擴がつて來ると、集團精神の自覺となるのであるが、しかし之に一種の情操が絡つて來て、集團の意義を豐富にしなければ、觀念だけでは餘り効果のないものである。即ち集團に對する此の情操が必要なので、此の情操が各個人をして其の集團又は他の集團に對して、必要な行動を惹き起さしむる原因となるのである。

(三)一つの集團が他の集團と異つた理想、目的、或は傳承、習慣などを持つ爲めに、他の集團と衝突し、競爭することである。

これは集團が集團的精神を發達せしむるに有利な條件である。かく集團相互に衝突し、競爭することは、其の集團をして自覺心を高めることになるから、正當な集團的競爭は亦必要なことである。

(四)各人が其の屬する集團の傳承、慣例、習慣などを意識することである。

各個人に共通なる傳承、風俗、慣習などが意識せられゝと、之が爲めに各人相互の關係及び其各人の集團に對する關係が定つて來る。

(五)最後に、集團を作る各個人、及び集團内小團の分擔する機能が、それ〴〵分化し、特殊化して來ることが必要である。

かゝる組織の出來るのは、第四の條件即ち、傳承、慣例、習慣などの關係から起ることもあるし、又時に之が何か外部から餘儀なくされて起り、それが爲めに維持せられることもある。

外部の權力に依つて出來、而も其で維持して居るやうな組織的集團は、集團生活を營む能力低く、一の單純群集より離るゝこと餘り遠くない。しかしかゝる集團が單純群集と異る點は、主として其の衝動を制御する力が遙かに勝つて居り、且つ其の活動に堅實性があるといふ點にある。是等の性質は全く外部的に強制されるから起るので、眞に集團的精神生活の現はれたるものとはいひ難い。奴隷を以て編成せる軍隊、或は傭兵を以て組織せる軍隊は、此の種の組織的集團の典型である。又外國の軍隊の力を借りて、其の特權を維持するやうな專制君主の治下にある民族は、稍〻之に類する集團である。若し權力に依つてかゝる組織を維持せんとせば、第一に常に人民の集合を禁止し、公の論議を禁じ、壓迫なくてはならぬ。故にかゝる組織は頗る不安定なものである。

是等の五つの要件は、集團を形成するに有利な條件であるから、比較的簡純な集團であつても、此等の條件が具ると、集團生活を營むに好都合となり、且其の効力を大いに發揮するものである。（入谷氏集團心理學）

第二節　學級精神

一つの集團が「學級」といふ內容を持ち「自分の學級」といふ愛着の感情を抱くに至ることは、望ましいことであるが、軍隊では此の點については大いに努めてゐることを私どもは學ばねばならぬ。

抑々學級といふ一つの集團に對して、強固な精神的統一を生ずるに至るにはどういふ點に注意せねばならぬかといふと、

第一に、その中心となる擔任の教師の人格的卓越といふことを忘れることが出來ない。品性なり手腕なり、學力なりの綜合的產物であるところの教師の人格的

卓越といふものは、多數の兒童の心服の中心となり、敬慕の的となり、有機的結合組織的活動の源泉ともなるものである。

第二に兒童相互の理會である。理會といふのは單なる知的解釋の一致でなくして、他の同僚の言語行動をば、その人の情意と共に會得することである。所謂フエルシュテーンすることである。體認し了解することである。情意の合致することである。兒童相互に理會し合ふといふことは、學級經營の到達點であると同時に、理會しつゝ毎日生活させることが又學級經營の秘傳であり要領でもある。だから一團の學友がお互に理解し合ふには、學級といふ集團が必要な機關となるものである。學級といふものが、單に經濟上止むを得ない事情の爲めに設けるものではなく、積極的に教育上其の必要な意味を發見するのは此の點である。

第三兒童中のリーダー(中心人物)にその人を得ることである。一團としての兒童は教師から受ける力と共に、リーダーとなる程の同僚中の卓越した兒童によつて統制せられ、刺激せられることが相當多いものである。故にリーダーの指導は學級精神發揮の上に忘るべからざる點である。

第四自分の學級を他の學級と對照して認めさせるやうな機會を捉へることである。學級の特色は他の類似の學級との對照によつて次第に明瞭になるものである。學級が幾つかある場合には學級意識が鮮明となる。運動會、展覽會、學藝會、遠足、擬戰等の場合に、對他的に自分の學級といふ強い意識が生ずるものである。

第五教師の熱心と熱愛とはやはり學級精神の源泉となるものである。教師の人格を中心として學級精神は成立することを忘れてならぬ。學級精神については左の「集團心」を一讀することが有益である。

集團心

一

各兵士が各自の軍隊を自覺して來ると、其に伴つて其の軍隊に對する一種の情操が發達して來る爲めに、各員は集團に對して、忠義の心を抱いて來る。此の集團といふ自覺が、各員の間に起つて來ると、種々の身體的・精神的困難あるにも拘らず、全集團を團結せしめる一種の力となるのであるが、斯る時には何時でも其の根柢に、前述の感情が強く作用して居る。然るに傭兵の軍隊に在つては、此の情操が缺けて居るか、或は完成して居ない爲めに、いざ大なる困難に遭遇する樣な場合に臨むと、三十六計をきめ込んで解體してしまふのである。例へば特殊の目的を達成する爲めに結合した決死隊の如き團體になると、最も克く軍の能力を發揮するのであるが、斯る團體には集團の自覺、及び情操が著しい要素となつて居つて、此等の要素が活躍するから、斯る團體も成立するのである。

斯ういふ自覺は先づ其の軍の指導者の意識に上り、彼が其を、他人に與へると、各人全體は其の慾求する目的を達する手段として、それを承認するのである。かの日本海の戰に於て、東鄉大將の「皇國の興廢此の一擧に在り、各員奮勵努力せよ」といつた激勵の如きは卽ちそれである。勿論かゝる場合各員の意識には、集團的自覺は強くなつて居たであらうが、此の一語によつて一層志氣は興奮したのである。

殊に吾等日本人に於ては、國家の存亡を賭して戰つて居た場合であるから、此の皇國の興廢といふ一語が非常な集團的熱情を喚起したのである。東郷部下の將卒の意識中には、恐らく皆個人的動機などは全く消失して、各人同一なる國家的意識から行動したにちがひないと思はれる。

斯く全體といふ自覺が前述の如く活躍して、玆に集團的團結が出來るのである。而して此の自覺が實現すると、其の意義が明瞭となり、豐富となつて來る。從つて其の意識には集團的情操が高まつて來て、習慣又は形式上の組織といふ要素が手傳つて、更に其の集團的團結は强固なものとなるが、何れにしても此の全體といふ自覺は、何時でも團體を形成する構成的要素である。

二

斯る集團的自覺によつて成立し、此の自覺に依つて永續する集團は、心理學的立場から見ると、最も程度の高い集團であると見ることが出來る。

然るに烏合の集となると、或る時、或る場所に起つた事變が結合の要素となつて成立するものであるのみならず、集團的自覺といふ要素が缺けて居るから、程度の低いものである。即ち發達の程度から見ると、それを成立せしめ存續せしめる精神的身體的條件が極めて低いものである。各人の間に集團的自覺が成立し、其の自覺に伴つ更に集團に對する情操が加はつて來ると、其の集團の團結は強くなるのみならず、前にも述べた通り、集團は更に集團的執意に出ることが出來るものである。換言すれば、斯る意識があると、集團の動作が單に集團の各員に共通する一衝動に依つて行はれる場合や、或は又各員の個人的動機より行はれる場合よりも、遙かに確實性を帶び、且つ有力なものとなる。一步進んで考へると、集團精神は其の集團の知的標準を高める上に、重要な作用を爲すものである、即ち各員は自重して、銘々勝手な主張をせず、自分の判斷や、意見があつても、之を全體の前には屈從せしむるのである。故に組織の相當に出來た集團になると、其の集團的意見は集團の各人平均の意見よりは遙かに勝れたものとなる。何となれば、集團の意見が成立する場合に、其の中の知能の最も勝れた人は、熟議に對して十分に其の腦漿を絞り、從つて普通の人以上に大なる勢力を及ぼすからである。而して其の他の各員も亦、共同の目的を欲する處から、全體の人々が知能を絞つて作成した方法を承認するのである。又各人に當てがはれて動作を實行する場合にも、實際に於ては全體の者の爲めにするのであつても、それを自分自身の目的とし、單に機械的服從心から、或は嫌々ながらそれをやるのではない。

三

同樣にして集團精精は、集團の道德的標準を高むるに與つて力あるものとなる。例へば軍隊などに就て觀るに、斯る集團は全體としてある傳承的情操を體現するものである。殊に或る道德上の美點を嘆賞する情操、即ち俠氣とか、忍耐とか、信用とか、好意ある服從とかいふ諸性質を形に現はすものである。此等の情操が全體に行き亘ると、其が各個人の上に強く薰習される。殊に團體暗示、交感々應に依つて、之が新參兵の心に深く沁み込むものである。即ち各新參兵共は自分の同僚が斯る傳承的情操を承認し、其に則つて性格行爲を判斷し、且つ其の心持を以て他の行動に接するのを觀る。換言すると、彼等の同僚は言語に於ても、動作に於ても、反逆又は卑怯の行ひに對しては輕蔑の狀を示し、天晴れな自己犧牲、或は義務履行の振舞に對しては、嘆賞の狀を示すのを認めるのである。從つて新兵共は感染的にかゝる道德的情操に動かされ、やがては自分が判斷を下すやうな場合にも、亦、團體的暗示に影響せられて、之等同僚の意見を參酌するに至る。何故かといふと、かういふ道德的教訓は非常な勢を以て彼に望むので、其の力たるや恰も集團が決定した意見、滿場一致で決定した意見と同じ力を持つて居るからである。のみならず此の力は單に各個人から發する力であるばかりでなく、又全體集團が築き上げた威信のある力である。

四

而して全集團の自覺が各人の精神に顯はれるに從つて、全集團の德化力はいよいよ強く、各個人の上にも及ぶものである。

要するに、各人が其の全體に對して、愛執の念を抱き、又其の各部分にも亦之と同様なる心持を持つて、以て其の集團精神を發達せしむるのは、高等なる軍事的訓練の主眼とするところである。 集産的に自覺あり、集團愛執の情操ある集團精神は、高等なる集團生活にはなくてはならぬものであり、これあつてこそ集團的活動は有力なものとなるのである。(入谷氏、集團心理學)

甲圖

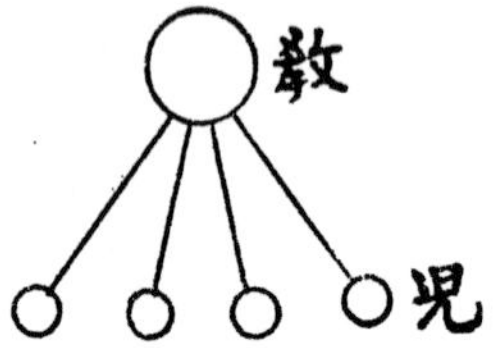

乙圖

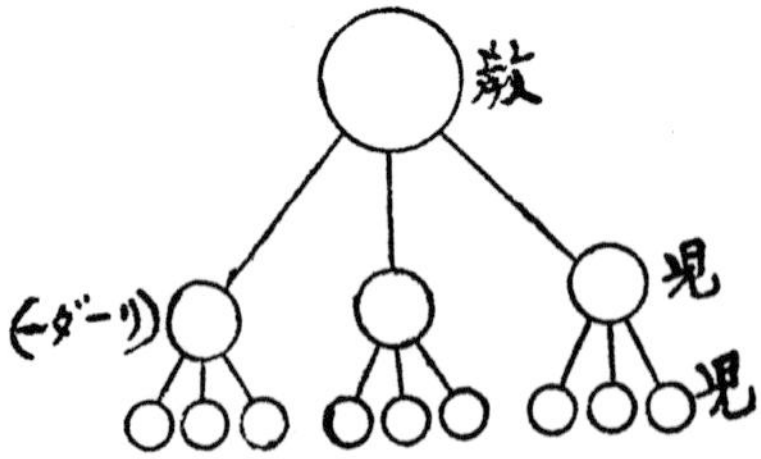

第三節　リーダーとなる兒童

尋常一年生を受持てゐると、すべての子供が皆教師を中心として群がりつくのであつて、丁度甲圖の様な關係になる。ところが尋常二年生頃から次第に子供の中に勢力の優劣を生じて來て、勢力ある子供は弱い子供の上位に立つやうになるので、同じ子供の間に地位の高下がだんだん現はれて行く。尋常五六年生にもなると、丁度乙圖のやうな關係になつて、兒童中の有力者勢力家が、支配的の地位に座して、若干の兒童又は全級の兒童を統率し、教師と兒童との間にかゝる數人の兒童を認めざるを得なくなるのである。これはリーダーといつてもよければ、中心人物といつても差支へない。多くの兒童は、其のリーダーの意志に支配せられること、丁度教師の意志に支配せられるのと變りがない。

そのリーダーにも二種あつて、第一種のリーダーは自ら表面的に立つて、自ら活動の中心となるタイプのものであるから、運動型であり、外向性であり、司令官たるの性質を有する。然るに第二種のリーダーになると之と反對に自ら率先しなくとも自然に衆望が歸して推擧せられたものであるから本當のリーダーであつて感覺型であり內向性であり德望家たるの性質を有する。何れにしても教師自ら兒童を指導するよりも此等のリーダーを利用することになれば協同自治の良習慣を養ふことにもなり自然的に團體的行動が訓練せられるのである。大體に於てリーダーとなる兒童は學問技能に長ずるとか運動に長ずるとか人物がしつかりしてゐるとかいつたやうな美點を有するもので、つまり何等かの點で衆兒に卓越し威信があることがわかるのである。

而して此のリーダーは自然に人格的卓越の光として生ずるものではあるが集團生活に於ては出來るだけ多くの子供にその機會を與へて大小の樣々のリーダーたり得る資質を發揮させることが必要である。

指導者たるの訓練

デモクラチックの社會は、治め治めらるゝの社會である。社會は各方面に指導者を要し、何人も人を率ゐるの場合に立つときは、よくその任に耐ふることが必要である。こゝに於て指導者たるの訓練が必要になる。

指導者たるの必要な條件は、

(一)適應性
(二)迅速に明晰な思考
(三)獨創力
(四)堅實
(五)自信
(六)眼界の廣きこと
(七)機智
(八)良判斷
(九)仕事の愛好
(十)我儘ならぬこと
(十一)信用と忍耐

（十二）寬容
（十三）勇氣と自信
（十四）熱心
である。而して此等の性格を養成せんには、その發達を促進する機會を提供せねばならぬ正課外の活動は、かゝる機會を提供する上に大なる効果がある。（眞田敎授論文）

第四節　全體と部分との關係の會得

一、全體と部分

集團を組成する場合に、全體と部分との關係、もつと具體的にいへば、國家なり社會なりと、其の國民なり一個人なりとの關係といふものは、古來外內ともいろいろの見解が立てられるのであつて、殊に國家と個人とについて考へるときに、明かに二つの觀方がある。即ち國家を先づ認めて、其の構成要素として個人を認める場合と、個人の集合したものが國家に過ぎないといふ場合がそれである。前者のやうに全體としての國家に重きを置く觀方は、國體本位であり、綜合的であるが、後者のやうに個々人に重きを置く觀方は、個人本位であり、分析的であるといへやう。而して從來の思想的傾向並に社會制度が、東洋殊に日本では綜合的を主とし、西洋では分析的を主とするものとされてゐる。つまり綜合的觀方をとるものは、個人々々の權利よりも、國家を重いと考へるのに對し、分析的觀方をとるものは、個人々々の權利を大切だと考へるものである。

二、その例

此の點について、田中寛一博士は最も平易に理解し易い例を以て私どもに示して下さつてゐる。昨年(昭和二年)一月のキングといふ雜誌を讀まれた方は御承知の筈であるが、三つの例を擧げて説明せられてゐる。今こゝにはその第二と第三とを借用する。曰く。物の見方に二つの種類があることを述べる。こゝに第二圖のやうな三角形があるとする。この三角形を考へると、イロ、ロハ、ハイの三つの直線が結合して居るとも考られるし、又その反對に、イロハの三角形といふ全體の形を先づ認めて、それを分析して見れば、イロ、ロハ、ハイの三つの直線になるとも考へられる。前の考へ方は、三角形を構成して居る要素を先づ認めるものであり、後の考へ方は、三角形といふ綜合的のものを先づ認めるのである。いつでも物の見方には此のやうな二つの區別がある。此の二つの見方は、互に全く無關係のものではないが、要素と全體の何れに先づ着眼するかは結果に於て著しい差異をもたらすものである。

こゝに要素と全體との關係について考へる要點がある。一般に全體的のものは、單に要素の結合したゞけのものではない。要素が結合するときには、何かそこに新しい性質が出來て居る。前の三角形の例についていへば、このことが直ぐわかる。即ち構成要素たるイロ、ロハ、ハイの各々の直線は、それ等を切り離して考へると少しも三角形といふ性質を持つて居ない。然るに三つの直線が一定の

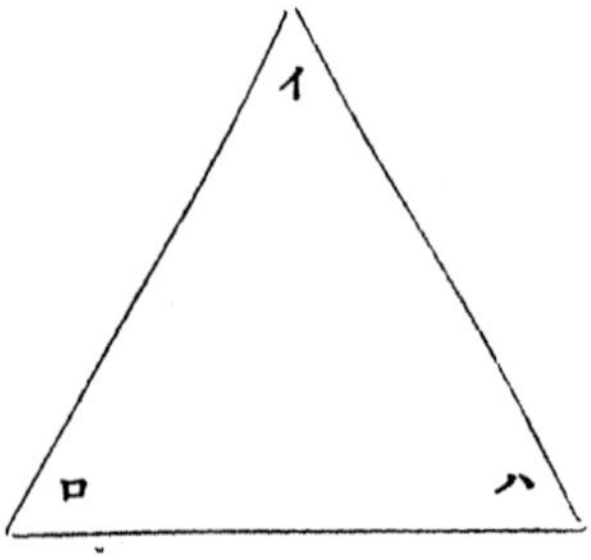

第二圖

關係に於て結合すると、そこに三角形といふ新らしい性質が出來るのである。

〇

今一つ外の例を擧げよう。試に鉛筆を以て初め強く、次に弱く、又強く、その次に弱くといふやうに、強弱、強弱の順に机面を打つたとする。そのとき聞える個々の音は、構的成要素であるが、それ等が繼起する爲めに、そこにリズムといふ新しい性質が認められるであらう。個々の音その物にはリズムといふ性質はないのに、それ等が一定の順序で起つた結果として、吾々は全體として一つの新しい性質を經驗するのである。

〇

此のやうな例は外に幾らもある。森は樹木の集りには相違ないけれども、多くの樹木が集合すると、各々の樹木にはなかつた森といふ新しい性質を生ずるものである。個人と國家との關係も同じである。國家は個々人がなければ成立しないに相違ないけれども、一度個々人が結合すればそこには個々人になかつた新しい性質が出來るのであると。と。

三、學級と兒童との關係

學級は其の成立の事情は國家とは違つてゐるけれども、しかし學級とそれを構成する個人々々の兒童との間には、やはり右と同様な關係が認められるのである。即ち學級は個々の兒童がゐなければ成立しないものであるけれども、一度個々の兒童が結合して學級が出來れば、そこには個々の兒童にはなかつた新しい性質氣分が出來るのである。その新しい性質氣分は即ち學級意識であつて、それが自分の學級といふ考へになると學級精神といふことが出來る。さうすると兒童が成長するに伴つて「自分たちの學級」といふ意識がだんだん明確になつて行くのである。此の學級にはいると一種の空氣を呼吸することになつて、善い意味にも、又惡い意味にもいろいろそれに支配され、自分も亦他を支配することになる。兒童が前例の如く、三角形と線との關係を自ら體認するならば、全體中の一員といふ自覺が明かに生ずるであらう。一本の線を取り去つても三角形はこはれてしまふやうに、自分の態度一つで學級が惡くもなれば、善くもなるといふやうに、學級に對する自分の構成的地位がはつきりと摑まれるであらう。凡そ全體中に個人(自分)の價値を發見する位滿足なことはない。大人でもさうである。そこに行爲に對する責任感も生じ、寄與、貢獻、奉仕の態度にもなれるのである。學級精神はかくて愛級心となることは當然なことである。

第五節　全的學習個性の發揮

右に述べたやうな心持に學級の全員がなるならば、そして學習にも作業にも遊戲にも會合にも交際にも、あらゆる生活に意義を充實させるやうに、各兒が提携して相應に努力し、歡喜するならば、そこには一つの學級に何等かの獨自の生命を創造せずには置かぬであらう。敎師と全兒童のかくして創造し構成した獨自性こそ、學級個性と稱すべきものであらう。此の學級個性は價値的な內容を持つものであるが、而もその價値も單に或る方面にのみ偏傾しないで、學習についてもすべての教科の學習に努力せられたものであり、作業にしても遊戯や運動にしても多方的なものでなければならぬ。往々學級經營の特色中には、單に或る學科の方面に長所を有するが、他の學科のことは放任されて顧みられないといふやうでも、何だか特色あるものゝやうにもてはやされることがあるが、學級經營は全體的のものでなければならぬ。全體の上に持つ特殊相、それが望ましい學級個性であると私は斷言したい。

第四章　小學校の性質

第一節　小學校教育の本旨

一、小學校の教育

私どもの經營しつゝある小學校の教育は、元來如何なる性質を有するものであるか。その本質をよく辨へて置かねばならぬ。世には往々此の根本の點を考察するに輕卒であるが爲めに、其の經營の實際が、頗る枝葉末節にのみ走り、或は其の要所を逸してゐるやうな例がある。教育殊に國民教育といふことについて、平素思を致してゐるものに對しては、勿論わかりきつたことであるが、學級經營上此の點について明瞭に考慮する必要がある。

小學校は官公立にせよ私立にせよ、苟も小學校教育の本旨から考へると、

(一)小學校令第一條の趣旨を貫徹すること。

(二)小學校令第十九條乃至二十條の教科書を教授すること。
(三)滿六才以上の普通兒童に、六ヶ年乃至それ以上二年又は三年間教育すること。
以上のことを爲す學校が卽ち小學校である。小學校全體が强制教育でなく、其の中初めの六年が卽ち强制教育である。

二、我國小學校教育の本旨

かゝる小學校で行ふ教育は、如何なる目的を以て爲すべきかは、教育學上の問題といふよりも、已に國法上の問題として、我が小學校令第一條に明定せられてゐるものである。固より法文といふものは頗る簡單に記されてゐるものであるから、教育學者は勿論、私どものやうな實際家としては、その解釋を愼重にし、教育學上の見地からと、國家の目的とから最も適切に考慮せねばならぬ。

小學校ハ兒童身體ノ發達ニ留意シテ道德教育及國民教育ノ基礎並ニ其生活ニ必須ナル普通ノ知識技能ヲ授クルヲ以テ要旨トス

とあるから、我が小學校教育の本旨には、明かに四つの要點が含まれてゐることがわかるであらう。

第一の要點　道德教育の基礎的陶冶をなすこと。

教育にはいろ／＼の要求があるにしても、道德的人格の基礎的教養といふことは、いはゞ其の眼目となるものである。知識技能も、身體も、此の道德的人格の中核が確立することによつてのみ價値化するものである。

道德的人格の基礎を教養するといふことは、換言すれば兒童の先天的に賦有する道德的良心を啓培して、次第に善良なる品性を形成せしめることであり、德性を涵養することである。此の道德的良心、善良なる品性の教養は、個人の人格完成の上から見ても、社會國家の永遠の進歩發展の上からいふも、極めて肝要なことである。

然るにやゝもすれば今日の教育は、實利的な、知識萬能に陷りつゝある。私どもは學級經營上、先づ此の根本に深く留意せねばならぬ。即ち道德教育はあらゆる機會に於て、原則的に指導せねばならぬ要點である。

第二の要點　國民教育の基礎的陶冶をなすこと。

前項の道德教育には國民としての教育をも含むことは勿論であるが、人格の內容は國民的な特色を有するものでなければならない。國家の存續發展に貢獻し、國民文化の繼承創造に寄與すべき國民たらしめるのが、小學校教育の重要な一大使命である。そこでこゝでは國民教育を狹義に解し、且つ目的觀的に觀て、國民的に教育することであると考へねばならぬ。國民的人格の陶冶といふ特殊的實際的な目的を達すべき原則として確言したものである。

國民的人格の陶冶は、換言すれば國民精神の涵養であり、國民的生活の完成にまでのものである。もつと切言すれば善良有爲の日本人たらしめることである。教育にかゝる國家的特質を必要とする理由は、人類生活の根本的事實に基くものであつて、保守的とか、固陋な意見などゝいつて新しがるべきものではない。今其の理由を考究するに、

(一)內外の情勢は益々國民教育の必要を痛感せしめる。

どこの國でも民族主義、換言すれば自國本位の方針を嚴守して、國力の充實發展を圖り、國民素質の向上に鋭意努力してゐる。國際化とか、人道主義とかの聲に迷はされて、國民國家を忘れることがあれば、非常に後悔せねばならぬ時が來るであらう。歐米何れの國でも、教育上國語とか歷史とか地理とか、或は公民科とかによつて、「國民化」の教育、「愛國教育」に努力してゐることは著しいことである。

(二)國民文化の存續發展を必要とする。

何れの國家にも相應な國民的な特色を有する文化がある。その國民文化を存續發展せしめるには、國民教育によらねばならない。

(三)民族の永遠なる發展が必要である。

文化の發展も、人類の安寧幸福も、民族を一團として行はれるものである。民族の滅亡は同時に其の文化の衰滅を意味し、安寧と幸福とが保障されないことを意味するものである。日本人は日本民族の永遠なる發展を圖ることが生存の第一義でなければならない。

(四)現代生活を滿足になし得る爲めにも亦肝要である。

現代の生活は政治、法律、經濟、產業はいふまでもなく科學、道德、藝術等あらゆる生活に於て、國民的特色を有しないものはない。此の特色ある國民文化の中に於てのみ現代生活は享有し得られるものである。

以上の如き見地から「國民化」の教育には十分な努力を拂はねばならぬ。今日學級經營上、枝葉末節に囚はれて、此の點について往々思ひ及ばぬものゝあるのは甚しい遺憾な點である。

第三の要點　生活に必須な普通の知識技能を授くること。

この點は兒童が成長の後、實際生活を爲すについて必要な知識技能を豫め授けようとするものであつて、最も實際に即した要件である。教育を「實際化」しようとするものであり、「生活化」しようとするものである。生活教育といふ思想は、兒童現在の生活に即せよといふのであるから、將來の生活を豫想する此の要件とは矛盾するものであるが、教育の沿革を考へ、現代に於ける教育の本義を慮れば、此の點は忽ち氷解するであらう。

尤も「普通の」と斷つてゐる通り、小學校の教育普通陶冶を本義とすべき時代の教育であるから、現在兒童の家庭の職業や地位、身分の如何に關せず、又兒童の將來進むべき職業、受くべき教育の如何を問はず、其の何れにも基礎とするやうな普通的なものを以て本體とせねばならぬ。只高學年に達して、卒業前になつた兒童に對しては、一層將來の實生活と密接せしめる用意が講ぜられねばならぬ。

第四の要點　兒童身體の發達に留意すること。

教育上兒童の身體の發達に注意すべきことは、現在私どもの考へとしては何等異存のないことであつて、身體の教育そのものが一つの重要な獨立的意義を有するものである。けれども單に法文の解釋としては、道德教育國民教育乃至日常生活に必須な知識の陶冶を爲す場合には、身體の健康を害ふことないやうにといふやうな、消極的な、且つ非獨立的な注意條件のやうになる慮がある。

そこで私どもは、其の解釋上大いに擴張解釋を爲し、むしろ積極的に、且つ獨立的に兒童身體の發達を助長すべき意味を加へ、所謂養護と體育（鍛錬）の兩方面を共に圖るやうにせねばならぬものと思ふ。私の學級經營は此の擴張した意義を以て此の要點を重視するものである。

第二節　現今小學校の特質

敎育といふ事實にも幾多の變遷を經てゐる。單に小學敎育、初等敎育について見ても、其の內容は時代と共にさまざまの沿革を持つものである。今我が國の小學校について其の特質を明かに會得することは、やはり適切な學級經營の上に重要な關係を持つことであるから、左に七つの特質について畧述しよう。

（一）團體的敎育である。

今日の小學校は學校といふ以上數多の兒童を一團として、共同生活の中に敎育するものである。中には全員を以て一つの組にするほどの少い人數しかないやうな小さな學校、卽ち單級小學校とか分敎場などがあつて、これ等の場合には學校に教師も只一人しかゐないといふやうなことがないでもないが、それは稀な現象であつて、通常は數百名に餘る兒童を、數人乃至數十人の教師が有意的、計劃的、組織的に教育するものである。一人の教師と一人の兒童とが互に影響するものではなく、其の外多くの學友といふものがあり、善くも惡くも互に關係しつゝ生活するものである。そこに私塾的教育に比べて長所もあれば短所もあるものである。

(二)組織的教育である。

或る個人の思ひつきのまゝに自然に教育をなすやうなものではなく、入學の事から、日々の授業の事についても細かい組織が立てられて居り、休業・終業・卒業はいふまでもなく、學級の編制・その序列教師兒童の關係等に至るまで、細かな組織の下に行はれるものであつて、個人の主觀的自由裁量に屬する部分はよほど少いのである。

(三)初等普通教育である。

小學校の教育は徒弟教育や、實業教育や、職業教育の類ではなく、すべての生活の普遍的な基礎となるべき普通陶冶である。

又小學校は其の程度からして初等教育である。中等高等教育に進むものの先づ受くべき最初の教育である。

(四)平等教育である。

我が國の小學校教育は父兄の職業や社會的地位の高下身分の尊卑の如何を問はずすべて同樣に收容して一律に教育するものであつて徹底した平等教育である。歐米諸國などでは社會制度の沿革に基いて庶民貧民の教育は國民學校といふ小學校に於てするが中等學校以上の教育を導くべき社會的地位ある家庭の子弟は最初から中等學校の豫備校に入ることになつてゐるのに比べると甚しい相違である。何事にも先進國だといはれてゐる獨逸でさへ此の點の改善には永年苦心したものであつて世界大戰の革命後やつと憲法を以て所謂統一學校なるものを設け我が國の小學校と同樣なあらゆる子弟の平等教育に改めることが出來たのである。英國の如きは今尙古い殼に立ちこもつてイートンやハーローの如き私立中等學校が嶄然頭角を現はしてゐるやうである。此の點については、我が學制は實に明治維新の大改革と共に世界に一歩を先んじたものである。

(五)强制教育を本體とする。

尋常小學校の六ヶ年の義務教育は、完全な强制教育であるが、學齢八ヶ年(滿六才より滿十四才迄)中六ヶ年の强制に過ぎない。高等小學校の教育は强制教育でないから、此の點については、歐米諸國が殆んど完全に八ヶ年の義務教育を勵行してゐるのに對して、少くとも二ヶ年の遜色がある。殊に內容上國語國字の困難といふ重荷を有する我が國に於ては、六ヶ年の强制教育では到底不完全であることが明かである。私どもは、速に義務教育年限の延長を希圖すると同時に、補習教育の義務制及青年訓練の徹底、高等小學校の普及發達等を以て、一層此の缺を補ふ決心が小學校の立場からも常に忘れられてはならぬ。

(六)國家の監督の下になす教育である。

小學校の教育は、たとへ私立の小學校であつても、總ての點について國家の監督を受けねばならぬ。家庭に於て教育をなす事も認められてはゐるが、しかしそれさへ決して任意ではない。況んや官公立の小學校になれば、教師の身分は官吏又は待遇官吏として、一定の權利義務を與へられてゐる。教科書、教材、教授時數、教授の方針に至る迄、細かい規定の指示の下に日常の教育を行つて行くものである。そこには教師の主觀的な獨自な裁量は、大いに制限せられてゐることがわかる。

(七)市町村立を本體とする。

小學校の中には私立、官立又は府縣立のものがないではないが、大部分は市町村立のものである。市町村は兒童の學習に足るべき小學校の設備をなすべき義務を負ひ、一面國民としての教養をなすと同時に、直接市町村民の教養をもなすのである。

以上七つの特質は、私どもの學級經營上、いろ〳〵關係するところが多いものである。此の特質は私どもの活動上困る點もあれば、大いに利用し得べき部分もある。それ等の具體的な方案は、本書の全體について見られることを希望する。

第五章　學級經營と學校經營との關係

第一節　訓導の立場と學級經營

一、訓導の自覺

學校經營案の必要なことが叫ばれ、學級經營に定見がなければならぬといふことが教育界に注意されるやうになつたことは、必ずしも輓近の傾向ではないけれども、しかし最近二三年この方、再び新しい意味を持つて學級經營といふことが眞面目に考究せられるやうな傾向になつたのは、新舊教育の混屯たる渦卷の時期を通過した後に、本當に子供の教育といふことを、學校の教師といふ立場から自覺して見つめた場合に必然に生じた結果である。此の頼母しい教育界の傾向は訓導の自覺に基くものといふことが出來ると思ふ。

從來の實際の有様を見ると、所謂成績を擧げてゐると稱される教師、校長から信賴せられて、その片腕ともなつて、事實上校長の學校經營の柱石となつて働いてゐる訓導にしても、それは校長といふ有名な指導者の陰にかくれ、大立物の礎石となるに甘んじてゐたのであつて、自己の訓導としての獨立の敎育的權威といふものを十分自ら重んじなかつたものである。學校といふ大なる團體の爲めに、學校といふ敎育單位が自覺的に十分に認められなかつたものである。それだけ訓導自身の自重心も足りなかつたといはねばならぬ。

二、敎育の第一線

然るに、事實敎育の第一線に立つものは訓導である。敎授・訓練・養護の敎育事業について、子供に直接するものは訓導の外にはない。この訓導の直接の敎育こそ眞の敎育の力といひ得る。勿論校長は又直接に訓導の敎育事業を最も有効ならしめる調整者であり、動力でもあるけれども、子供に對しては第二線に立つて敎師を指揮するものといはねばならぬ。視學や督學の類は敎育の事實から見れば遙かに緣の遠いものである。從つて此の敎育事業の第一線に立ち、自ら子供と接觸して萬般の教育に當る訓導が、其の地位を自覺して、自己獨立の信念と方案とに基いて子供の全生活を指導すると否とは、教育の實績の上に大差があるといふことは明かなことである。今時になつてまさか校長に認められようと考へて教授に熱心したり、自己の地位向上の爲めに子供を犧牲に供して、自己の賣名的宣傳に骨身をやつすやうな、教育界の落伍者はあるまいとは思ふが、かゝる者には眞の學級經營は出來ないし、輓近の自覺した訓導の學級經營の傾向とは、到底日を同じうして語るわけには行かぬ。

我が國は由來武運が目出度い、日清・日露・日獨の三戰役に於て、必ず大勝を得たといふことについては、いろ〳〵の事情もあり原因もあるであらうが、將校より一兵卒に至るまで、よくその戰爭の目的を自覺して戰つたといふことが一つの重大な因を爲してゐるといはれる。自分の仕事、自分の現に爲しつゝある事業に對して、よくその理論に通じ實際が練れ、一つ一つの言ふことと爲すことに、チヤンと教育といふ性質に合するやうなやり方をズツと續けて行けば、それがつまり立派な教育であつて、そこからは必然に立派な教育の實績が擧らねばならぬものである。それは自分の仕事に自覺のないものには出來ないことである。時勢後れのものには、たとへその志はあつてもその實は不可能に終るものである。たとへ時勢には通じ、技倆は持ち合せてゐても、その自覺から出た繼續的努力の伴はないものにも、その結果は收められないものである。學級の經營は一面は方案であり、一面は實行である。そこに眞劍味がある。方案だけは比較的に立ち易い。實行だけでも往々にして無自覺的に積まれるものがある。しかし眞の教育に自覺したところから方案が生れ、それが繼續的努力によつて、日常の教育事業の上に實行せられるということは容易の事ではないのである。而も時勢はこれを要求し、已に此の傾向は着々教育界に現はれて來た。これは已に屢々繰り返して言つた通りである。

三、學級擔任者と學科擔任者

小學校の教師にはその學科の修養の差によつて、本科と專科の區別がある。本科は原則としてすべての教科目に亘つて擔任し得るだけの素養を有し、資格を與へられたものであるが、しかし實際には、今日のやうに一般の教科の内容の複雜多岐となつた場合では、それ〴〵の長所もあれば短所もあるので、すべての教科を擔任することは不可能となつた。そこに專科教師の必要を生じ、需用を見るのである。小學校の專科は、裁縫を主とし、圖畫、手工、唱歌、體操、農業、商業、英語の各教科に於て認められるものであつて、その教科に就てのみ擔任し得るものである。しかしそれといつても、やはりその實際は專科教師でも普通學科を擔任するやうな場合が、可なり多いといふ事實は考慮して置かねばならぬ。而して今日の普通の學級編制によれば、本科の教師がそれ〴〵學級を擔任して、專科の教師はその中の或る教科を數學級に亘つて擔任してゐるのが大部分であらう。

そこで學級經營といふことになると、その素養資格の廣いといふ點から見ても、學校内に於ける地位からいつても、又其の人數の上から見ても、本科の教師がやはりその中心とならなければならぬことは當然であらう。事實に徹して見てもそれは裏書されることである。曩に私は最近の學級經營熱の源は、教師殊に訓導の自覺によるものであるといふことを述べたが、訓導の中でも其の本科の訓導であつて、學級を擔任してゐるものゝ中に此の有力者が多いといふ事實を同時に認めねばならぬと思ふ。學級經營の効果を痛切に感ずるものは、何といつてもその學級の擔任者であるのだから、學級擔任の地位にある教師が先づそこに目覺めるのも當然といはねばならぬ。專科の教師になると、自己の專攻した學科に於ては獨特の識見も有ち、他のものゝ越ゆべからざる領域を占有するけれども、動もすると眼界が狹く、その科の天地に跼蹐して、小學校の教育といふ廣い立場に立つて、大局から達觀するといふ點に於て遺憾を感ずることがある。

そこで學級經營の方案の上に於ても、殊にその實行の上に於ては一層左樣であるが、本科教師の廣い立場と、專科教師の狹い立場とをよく考慮して、各自の自覺に基く教育的見地を十分によく打合せをせねばならぬ。而もお互に他の立場について十分の理解を持つ必要がある。學級經營のやうな多數の教師の共同の事業といふものは、どうせすべての教師の思想なり感情なり希望なりが全然一致するものではない。而も同一の目的に向つて同一の事業をやらうとするのであるから、そこはお互に他の人々の立場を十分に了解して居れば、相當に協働の實が擧るものであると思ふ。學級經營の難點、殊にその實行上の難點はたしかに此の點に存すると思ふ。私は今日の大勢を大觀して、本科の教師の立場に今一層の雅量を望むと同時に、專科の教師の立場には今一層の廣い見解を養つて、自己專修の教科にのみ囚はれない態度を望むものである。それでなければ學校に於ける一つ一つの學級經營といふものが決してうまく行くものではない。

しかし一歩を進めて今日の中等學校以上で現にやつてゐるやうに、又或る小學校で僅かに實施せられてゐるやうな學科擔任制にして終へば、本科と專科の區別はなくなるものであるから、以上のやうな本科教師は專科教師の問題が起らない代りに、こんどは各教師がすべて孤立するのであるから、その全體の統一聯絡を圖ることは、より一層困難にならないとも限らぬ。之れかやうな案が教授學校としては成立し成功することもあらうが、生活學校として、教育學校としては多くは失敗し、却て不成功に終るの例を見る所以である。何にしても人間の心の一致といふことほどむづかしいものはない。而も團體行動ではこの人間の心の一致といふことほど大切なものはないのであるから、學級經營の方案にも豫め此の點は十分考慮されねばならない。

第二節　校長の立場と學級經營

一、校長と訓導との關係

小學校では校長は必ず訓導の兼任である。中學校や高等女學校などには、教諭でない專任の校長といふものがあるが、小學校にはそれがない。だから、校長だといつても要するに訓導の優秀なものゝ中から兼任を命ぜられるに過ぎない。小學校の校長には訓導として直接に子供を擔任した經驗のないものはないわけである。これは中等學校よりも小學校のこの制度の方が確かに教育上には意味があるといはねばならぬ。

けれども訓導も一度校長の兼務に就くと、その校長といふ身分上の地位からなり、學校經營といふ立場からなり、普通の訓導といふものと急に變つたものゝやうな考へを起したり、間には訓導とは別階級の人でもあるかのやうに考へるものがある。法令上には校長は一學校統率の必要から、訓導の身分上の監督權は勿論、職務上の指揮命令權を有することは當然であるけれども、教育といふ本質的の仕事についてよく考へる時には、校長は部下の訓導にその人を得、訓導が皆心持ちよく教育の爲めに努力するといふ校風を馴致するでなければ、其の實績を擧げ得るものではない。こゝに校長の實力の問題、德望の問題が勝を占めることになる。

然るに今日の校長の中には、學級經營の立場から見たゞけでも隨分困つたものがあるらしい。

(一)訓導よりも頭が古くなつて、教育の進歩を正しく解しない校長。

(二)廣く手を伸ばし過ぎて、學校の仕事に專心し得ない校長。

(三)訓導を機械化して、その個性を發揮せしめ得ない校長。

(四)訓導を信頼してその手腕を發揮させることの出來ない校長。
(五)訓導の眞面目な努力や、教育に對する考へを十分に知らぬ校長。
(六)自分一人の功名にして、訓導を下積みにして得意な校長。
(七)獨創力と堅實性とを兼ね備へない校長。
など、部下の訓導の學級經營上甚だ困るやうなものがあるのである。この點は校長たるものも昔とつた杵づかではあり、一度は自分も嘗めた經驗であるのだから、以上のやうな點で指摘され、忌彈されるやうでは、優良な學校經營は覺束ない筈である。

二、學校經營よりも學級經營の方が先決問題

自治體の眞の發達は、法制の整備よりも、各員の自治の實が先決問題であるのと同樣、校長の學級經營といふ大きな事業よりも、その教育單位たる學級經營の實を擧げることが先決問題であると思ふ。だから校長は思ひ切つて訓導の學級經營に力を注がせるがよい。そして先づ各學級から本當に教育的に築き上げるよう

にする。但し校長は學校といふ立場から、各訓導のやつてゐる學級經營に助力し、鼓舞するつもりで、訓導の教育に對する意見なり、學級經營の方針なりを自分一人で知つて置くばかりでなく、全職員に十分理解させるやうな機會を作ることに努めねばならぬ。たとへ行き方も異り、考へ方も違つてゐても、その間に理解があれば一致の行動のとれないことはないものである。校長としては成るべく自己の所信の方向へ統一しようとあせるのにも同情はされるが、そこは訓導の自由手腕を發揮させ、その人物に信頼せねばならぬ。

三、校長の統一と學校個性

學級經營は畢竟學級個性を發揮するものであるが、その間に一貫した生命があり共通の努力點が認められ、學校として一の校長の考への下に統一せられる時、そこに學校個性が成立つものである。この學校全體にみなぎる生命と努力と特色とが、校長の人格信念によつて自ら統一せられたものが、學校經營の結晶たる學校個性である。かうした學校個性の成立に一致して努力するやうに方向づけるのは校長の教育的使命である。

であるから、訓導の學級經營が土臺となり、先決問題として解決せられて、各自の特色ある學級が校長の信念と人格によつて統一せられねばならぬものであるから、學級經營は決して孤立すべきものではない。こゝに訓導の立場と校長の立場との調和が大切であり、その兩立を必要とする。學級經營と學校經營との有機的關係も極めて妥當に解決せられることになる。これを校長の側からいへば、研究會や職員會を開いて、大體の方針や根本問題について意見の交換を圖つて、その自然的な歸趨點を握り、そして日常個々の訓導の學級經營について「どうだねこの頃は……」といつたやうな調子で、その後の經過を聞いて或は暗示を與へたり、直接の指導をしたり、參考資料を提供したり、大いに鼓舞激勵したりするがよい。又時々研究發表會を開いたり、打合會を設けたりして、廣く全職員に各學級の經營狀態について知らせる機會を作らねばならぬ。そして各學級にも個性があり、擔任教師にも個性がある如く、一つの學校としてもやはり特色があり、個性がなければならぬ。同樣に校長にも亦個性がなければならぬ。

四、極端な特色は考へもの

同じ學校の中では、同一學年が幾つかある場合もあるが、又一學年一學級の場合もあらう。何れにしても、同じ學校の内で餘り極端な變つたことをやることは、子供の爲めから見ても好ましくないし、家庭に對しても中々了解を得るに困難である。敎師相互の間に理解はあつても、やはり事實は統一調和し難いものである。故に同一の學校内では、學級經營もそれ〴〵特色を發揮し、個性を備へるといつても、大體は共通の點が多くなければならないと思ふ。

五、優劣の比較は困難

同一の學級が幾つかあるやうな學校では、同學年を通じて成績の比較をする爲めに、よく同一問題で考査をするやうなことがあるが、敎育の結果を考査するといふことは中々困難なものであつて、而もそれを比較するといふやうなことは最も愼重な態度を要するものである。若干の成績や表面に現はれた事實のみを見て、輕々に學級成績の全般的比較をすることは出來ない。而して學級の成績比較などのやうなことからして、學級擔任者の間につまらぬ競爭心を誘發したり、表面の成績を繕ふやうな寒しい心持になることは、學級經營の眞の精神を誤り、眞の學級個性を發揮する所以でないといはねばならぬ。例へば出席歩合などを各學級一致してよくしようといふことに努力することは結構なことであるが、その眞相をしつかりつかんでゐないと、或る學級では帳簿の記入をよい加減にしてゐる爲めに、却てその級の出席歩合が他の眞面目に出席簿に記入してゐる學級よりも表面上よくなつて、校長から全校兒童の前に褒辭を受けるやうなことになる例がある。教師がその內情を知り、中には兒童さへその間の事情を知つてゐるものがあると、その出席歩合の比較といふことも、出席の奬勵といふ趣旨も全く破壞されることは當然である。

第三節　要は人の和の問題

一學校の中で、特色ある學級經營をするものが一人でも多くなり、而もその學級が全體としてもよく統一があり、調和がとれ、校長と學級擔任教師と學級擔任でない學科擔任教師の三者がよく理解し合ひ、協力の實を擧げるのでなければ、學級としても、學校としても共にその存在の意義を發揮することが出來ないであらう。學校內に於ける學級經營は要するに學校職員全部の和合の問題に歸するといつてよい。殊に訓練の成績を擧げるにはそれが格別必要であるといはねばならぬ。そこで校長たり、主席訓導の地位にある人は、全職員の和合協力と個性發揮を圖るやうな空氣を作ることに努力することが、やがて學級經營を有効ならしめる背景となり、同時に學校經營を爲す上の土臺となるものである。

第六章　學級擔任制と學科擔任制

第一節　二つの擔任法

一、學級擔任制

今日の制度では教育の單位として多數の兒童を若干の學級に別つて教育するといふことになつてゐる。で、如何なる學校にも學級といふものがないところはない。學級は前にも述べた通り、一人の本科正教員が、一教室內に於て、同時に教育する兒童の一團であつて、學習の單位でもあり、また生活の單位でもある。又教員の配置や設備等教育行政上の單位でもあるのである。

そこでさうした意味を有する學級を、只一人の教員が全責任を以て教授訓練その他の事務に當るやうにしたものが學級擔任の教師であつて、單にその學級に或る教科の教授のみを擔任するものが、學級擔任以外の教科の教師であつて、多くは專科の教師がそれである。かやうに學級擔任教師が其の學級の全般に亘つて責任を持つやうな制度を學級擔任制といつてゐる。小學校では此の學級擔任制が殆んど常則のやうに考へられてゐるので、殊に低學年などでは、殆んど學級擔任制が完全に近く行はれてゐるといつてよい。

二、學科擔任制

ところが學級擔任制の外に尙學科擔任制といふものがある。それは一學級の各教科を各教師が分擔するのであつて、その學級の全體を一人で責任を負ふやうなものはゐない。若し學級主任といふやうなものに便宜或る教師が命ぜられたとしても、それは單なる學級事務を見るためのものであるが、やゝ重く考へてもその學級生徒の訓育を主として注意する所謂訓育主任見たやうな程度のものである。今日でも中等學校以上の諸學校では一般に行はれる方法であつて、學校教育が教授といふ方面に益々努力するやうになり、その方面の成績如何によつて學校教育の全成績を認めようとする傾向のある今日では、小學校に於てもその制度を採らうとするものがあるし、學校によつては已にそれを實施して、教授の方面で相當の好成績を擧げてゐるところもあるのである。昨年來高等小學校の教育が餘程考慮せられるやうになり、その成績を擧げやうとするに當つて、第一に眼目せられたのは、此の學科擔任制を高等小學校に採用しようといふことであつた。高等小學校のやうに、學科の程度も高く、やゝ專問的の知識技能を錬磨しようとすると、從來の所謂學級擔任制による平凡の教師では到底それは不可能だといふことになつてゐる。それは此の制度にも確に長所を有することを語るものであつて、已に中學校以上では殆んど既定の方法としてやつてゐることを、小學校にも適用しようといふまでゝある。

第二節　學科擔任制の長所短所

一、科擔制の長所

學科擔任制は學級擔任制の短所を補ふために工夫せられたものであるが、學科擔任制には次のやうな長所が認められる。

(一)各教師が自己の專門とする教科を授け、教師自ら十分の自信と興味と熱心とを以て兒童に臨むものであるから、教授の効果が擧り、其の徹底を期することが出來る。殊に技能科に關しては一層それが顯著にあらはれるものである。

(二)兒童からいへば學習に興味を起すことが出來、確實な知識と優秀な技能とを習得することが出來るので、學校教育に對する信用を持つことになるのである。

(三)從つて劣等な教師より授くる種々なる惡影響を防ぐことが出來る。

(四)各教科に於ける兒童の能力如何を早く、且つ正確に發見し、將來の職業選擇に便利であり、優秀者と劣等兒との個別指導にも適切な手段が講ぜられるであらう。

(五)教師は教授の準備や後始末について、平素熟練したことをなすのであるから、勝手もよくわかり、仕事も單純に濟むのであつて、教授の能率を高めることが出來る。

(六)日に月に移動する教材をすべての教科に亘つて常に心掛けることは至難で

あるが、自己の擔任する教科についての修養であり、注意であれば、僅かの努力で以て十分の修養が出來、時勢に後れない用意が出來る。

二、學科擔任制の短所

けれども他の反面には學科擔任制にも重大な缺陷を生じ易い短所があるものである。此の點は小學校の幼學年の兒童ほど著しいことはいふまでもない。

(一)各教師は各自己の擔任する教科を偏重して、兒童に對して往々過重の要求をなす場合がある。

(二)各教科の連絡統一の上に缺くる所があり、從つて精神の普遍的・調和的發達、思想性格の統一的教養を保證することが出來ない。

(三)場合によつては同一の事項を幾つかの教材で取扱ふやうな學習の不經濟を起すこともある。

(四)訓練上に於ては一教師の一貫した感化を受け、統一した方針によつて陶冶せられる方が大體に於て望ましい。

(五學科擔任制は知能の教授に於ては優れて居るが、しかし知識の度は必ずしも教授の良否を決定する尺度とは見られない。

三、要は學科擔任制の加味にある

以上の如き學科擔任制にも、長所と短所とを併せ有する。而して學級擔任制とは正にその利害得失が相反するものである。學科擔任は元來教育の全事業を專ら教授の側より見たところの一面的解釋に基づくものである。そこに教育全般から達觀すれば無理もあり、不十分な點もあるわけである。小學校を學習の場所と考へて、訓練を不要の事業の如く考へたり、兒童の知能の優劣のみを以て、教育の効果を圖らうとしたりするやうな偏したものゝ考へからは、或は學科擔任制が小學校に於ても認められるであらうが、私には未だ俄かに贊成し難いものがある。しかし學科擔任制は幾多の長所を有するものであることは上述の通りであるから、吾々はその長所を今後の小學校の教育にも加味せねばならぬと思つてゐる。

そこで小學校に於てこの學科擔任制を採用するとすれば、私は大體次のやうに心持で適宜之を斟酌すればよいと思ふ。

(一)小學校の低學年に於ては學科擔任制を加味する餘地がない。むしろ合科教授をさへ採用すべきものである。

(二)そこで小學校に於ては最後の五・六學年頃にのみ適度に加味すべきものであらう。

(三)高等小學校に於ては大いに學科擔任制を加味して、(1)基本教科、(2)理科的教科、(3)文科的教科、(4)技能的教科、(5)體操、(6)實業科の六つ位に別つて、數人のそれ〴〵堪能的な教師に分擔せしめるやうにするがよい。

(四)小學校を通じて、教授訓練等學級全體に關する統一した責任は、やはり一人の主任教師を擔任として特定し、その教師は少くとも修身と國語とか、或は修身と算術とかいふやうな基本教科について直接擔任し、當該學級の主任たる實を擧げるやうにせねばならぬ。

(五)私は嘗て自分の指導を受けた擔任の訓導から、小學校の教師としては、修身と體操と唱歌の三つは、ぜひとも擔任教師が人の手に委せてはならぬものである。體操によつて規律的生活を指導し、唱歌で藝術的生活を指導し、一は强く、一は溫く子供を導かねばならぬ。そして全體の精神を統一的に指導し、人物の言行を一貫して教養する爲めに修身科も亦自ら擔任すべきものであるといふ意味のことを聞いたことを二十年來よく記憶してゐる。現在修身科の外體操や唱歌は、小學校を通じて擔任し得る自信もないが、その心持はやはり忘れてならぬことであると思ふ。今でも若い教育者が師範學校を卒業した、教育の門出に際しては、私はやはりこのことばをくりかへして、擔任教師としての態度を話すことがある。

第三節　相互の理解と協力

小學校に於ては、學科擔任制は學級擔任制を補ふ程度のものでなければならぬことは上述の通りである。そこで學級擔任制にしてもやはり一人の教師で全教科を擔任するわけでなく、やはり幾つかは專科の教師に委ねばならぬものであるから、擔任教師と專科教師、學科擔任の教師との間に十分の教育的見解についての双方の理解があり、お互に協力するといふ心掛がなければならない。殊に學科擔任制では此の點が一番懸念せられるところであるから、若しも此の點について各教師の間に理解と協力とが出來ないとすれば、教育力の分裂を來し陶冶作用は著しく減殺せられるわけで、學科擔任制は如何に他の方面に長所を有つことがあつてもそれは教育全體の上から採用するわけに行かなくなるであらう。家庭に於ける兩親の心の一致といふことが家庭教育の上に最も大切であつて、若し萬一にも兩親の間に隙を生じたら忽ち子供に乘ぜられて、家庭教育が破壞されると同樣、學校のやうに一層多數の教師によつて指導せられる場合に、指導者の間に矛盾があり、不調和があつて、多少でも間隙の乘ずべきものがあれば、人間の教育は不可能であると思ふ。到底一二の教科の教授に成功するや否やの問題と同日に論ずるわけに行かない。

第四節　擔任制の問題と教師の素養

従來師範學校では小學校の本科正教員の養成について餘りに多方面の修養を生徒に強いたものである。小學校本科正教員といへば、全教科が完全に教へられねばならぬまでに各方面の知識と技能とを磨かせられたものである。勿論本科正教員であれば、全教科に亘つて一通りの素養がなければならぬけれども、しかし今日のやうに複雜な文化財を教材とする場合には、たとへ小學校と雖もこれを十分指導し得るには、今日の高等師範學校の程度の素養を要するといはねばならぬ。それを師範學校の生徒に要求するのは無理である。師範學校にも專攻科が生れたが、あの精神に從つて文科とか、理科とか、技能科とか、實業科とかの、多少專門的素養ある教師を養成せねばならぬのではないかと思ふ。そして教育學的の素養精神を共通に學んでゐて、その上幾らかの特色あり自信ある方面の素養を與へるやうにせねばならない。

又小學校の專科敎師の檢定に於ても、やはり此の趣旨に從ひ、單に一つ一つの敎科の知識や技能の檢定では不完全であるから、少くとも文科の方面とか、理科の方面とか、乃至は技能科の方面とかいふやうに、他の敎科の資格を同時に認定するやうにしたならよいかと思ふ。餘りに或一つ二つの敎科の知識技能に囚はれないで、どんな專科の敎師でも基本敎科の一つ位は同時に受驗せねばならぬやうにすれば、敎師としての素養も廣くなり、自然見解も眼界も廣くなるのではあるまいか。

學級經營の立場からこんなことまで言及するのは、何も師範制度や檢定制度を直ちに改善してもらいたいといふのではない。吾々が平素の修養、學力の補充に努むるに當つて、學級擔任者としても、又學科擔任者としても、共に兩方面から、廣く敎育的立場を失はない爲めに必要と考へるところから、ついかうした方面に向つても考慮したわけである。

第七章　學級經營の基礎的考察

私は一昨年『生活指導と訓練の新研究』(目黒書店)といふ拙著に於て、訓練の方案を立て、その實績を擧げるについて豫め十分考察精査すべき事項のあることを述べて、兒童その者の各方面からの理解、環境の調査利用及訓練に關する教育觀の確立について、相當詳說したつもりである。本書は單に訓練の一端でなくて、廣く教育の全般に亙つた學級經營の研究であるから、今一層廣い立場に立つて、其の前提として精査すべき事項なり、考察すべき點なりについて、手落ちのない精察を加へて見たいと思ふ。

それには(一)教育思想の理解と教育觀の確立、(二)兒童及其の生活の研究理解、團體意識發達の研究、特に(三)現代生活及環境の理解、(四)教育法規の研究、(五)教材に精通・堪能、(六)學校經濟、(七)教育活動の源泉となり動力となる教育精神の各方面を見逃してはならぬ。

第一節　教育思想の理解と教育觀の確立

一、足場があやしい

已に述べた通り現代の教育者、特に若い訓導の間には、自分のなしつゝある教育といふ仕事について、深くその根據を摑みたいといふ自覺があふれてゐる。すべての教育者も昔のやうに盲動することを快しとしない。お上の指揮命令に盲從するのを甚しく意氣地がないと考へるやうになつた。子供を叱るにしても、子供の成績物を處理するにしても、兒童の質問に對する一言の返事にしても、深く教育といふ立場から考察しようとする意氣込みがある。

凡そ教育の理論や實際に關する思想といふものは刻々に變動する。外國の新しい教育意見といふものは、國により人によつて樣々である。中には正反對としか思はれない革命的の意見も出る。教育の實驗的研究にしても可なり思ひ切つた研究などが外國ばかりでなく、我が國內にもあちこちに企てられるやうになつてゐる。して見ると經驗は尊いと考へながら、自己に理論的根據がしつかりしてゐないで、少くとも自分の仕事に理論づけてくれる背景がない者ほど不安なことはない。力のこもらぬものはない。此の點については却て頑固一點張りで、左右を顧みない頭の古い人、教育の思想などに頓着のない教師ほどむしろ幸福である。教育の思想などは少々考へかけると却て迷ひを大にし、自己の仕事に自信を失ふやうな結果になる。やはり相當のところまでつきつめて研究して、自分の足場をチャンと見出すことは容易なことでない。やつと自分の足場が見つかつたと思つてゐると、又その足場があやしくなるやうな、次々の教育意見が起つてくるからである。

一體教育といひ、學級經營といふものは、一面理想であり、計畫であると同時に、他の一面には實行であり、事業であるといふことは明かである。教育上幾多の理想に伴つて、あゝもしたい、かうもありたいと願ふのは誰しも同じ事である。教育の學理は日に月に進むものであるから、常に新しい著書を讀み、新思想に接することを怠らない熱心な訓導になると、その理想が次から次へと燃えてゐるものであるから、毎日やつてゐる現實の仕事が、その理想なり學說なりと對照して、餘りに隔りがあり、思ふやうにならぬことを殘念に思はないものはあるまい。しかし理想の追及も、理想と現實との懸隔から落膽失望に陷り、仕事に熱と興味を失ふやうでは却て困るのである。

二、現代教育思想の主流

教育に關する思想は、時代の文化運動と關聯するものである。文藝復興や宗教改革の如き、自治自由の根本觀念に出立する自我解放の要求は、必然教育思想をもその軌道の上に乘せるに至つた。近代に於けるすべての啓蒙的教育思想はみな此れを基調を一つにするものである。經驗的教育思想と個人的教育思想とは、その代表的のものであるといつてよい。

而して再轉して輓近その思想にも不滿を感ぜずには居られなくなつた。これは人間性の根源から生ずる不滿であつて、經驗主義に對する理想主義、個人主義に對する社會主義の高調せられるのは當然のことである。そこに規範的教育思想と社會的教育思想とが勃興し、歡迎せられるに至つた。更に之を綜合的の立場に止揚して教育の目的から見、本義から考へる場合に、人格的教育思想、文化的教育思想及び現象學的教育思想を生ずるに至つた。これ等の思潮は決して一つを以て他のすべてを包攝し得るものではない。人生の複雜なる如く、教育の本質も作用も亦決して單純なものではない。そこにいろいろの着眼を異にする教育思想が生れる。此の點については、乙竹教授の「新教育學要論」に次の如く述べられてゐる。

「自我解放の大運動は、先づ其の鋭鋒をば自然に關する迷蒙の打破と、社會に於ける因襲の排擊とに向つて試みた。前者の根柢をなすものは經驗主義の勃興であり、後者の中軸をなすものは、個人主義の擡頭である。常に時代の文化と相卽不離の關係に立つ教育思想も亦、此の大きな潮流を脫せず、玆に吾等は近代教育の二大思潮として、經驗的教育思潮と個人主義的教育思潮とを見るに至つた。そこでは、かの自然科を貫く目的と方法とが一切を支配し、教育の目標もその方途も、あるが儘の經驗的事實から歸納して、これを求めるべく、あらゆる宗教的獨斷や形而上學的假定を排除して、純粹經驗科學としての教育學を嚴かに打建てやうとするのである。同じ思想傾向は人間生活を規制する社會的羈絆に對して個人を解放し、生れながらにして善美なる人間性をば自由に伸長させることに教育の本質を見出し、兒童の權利・個性の尊嚴の前に、成人達のをこがましい干渉を痛罵し、教育上の權威主義への反抗を慫慂する個人的自由主義の教育思潮となつたのである。

然しながら、思想の展開を貫く辯證的動向は、やがて經驗主義に對する理想主義の復活を喚び、個人的見地に對する社會的見地の高潮を起し、玆に規範的教育思潮と社會的教育思潮との勃興を來した。あるが儘の現實の上に、當にあるべき理想を確立し、その理想を構成する先驗的法則を探究する時、そこに教育目的は勿論、方法も亦自ら提供されるといふのである。又かの個人的教育思潮が謳歌する經驗的個人は、單なる抽象の原子に過ぎず、人は本來社會的實在であつて、社會の爲に、社會に由つてのみ陶冶さるべきものと見られるのである。

經驗主義と理想主義、個人的見地と社會的見地、さうした正反の對立は今やより高い平面に止揚せられて、新しい綜合的見地が築かれなければならない。人格的教育思潮は、この綜合の核心をば各人に於ける自然と規範との融合としての人格に求め、現象學的教育思潮は、直觀と概念との緊密な結合としての本質直觀にこれを求め、更に文化的教育思潮に至つては、歴史的社會に於ける價値の實現としての文化にこれを求めるのである。人格と文化とは同一實在の主觀化と客觀化との所産であつて、共に經驗に於ける理想の活現であり、本質直觀に於ける最後の所與であり、個人に卽する社會の財寶である。人格の本質を解明して、これが陶冶の方案を教師對子弟の人格的交渉に求め、又文化の構造を探究して、これが蕃殖の方途を子弟の體驗・理會の過程に求める時、そこに教育作用の具へるべき一切の要素が最も包括的に充たされるのである。

斯の如くにして吾等は經驗的教育思潮、個人的教育思潮、規範的教育思潮、社會的教育思潮、人格的　育思潮、現象學的教育思潮文化的教育思潮の七種を以て、現時に於ける教育思想の主流と認める。」と。

三、教育の方法に關する各種の意見

次に教育の方法上に關し、最近問題となつてゐるものを見ると、やはり乙竹教授は同書に次の十二のものを擧げられてゐる。

作爲學校問題
公民教育問題
藝術教育問題
自働教育問題
プロゼクト法
動的個別教授法
ドルトン案
ウインネツカ組織
職業指導問題

ゲーリー組織及びプラトンプラン
自治訓練問題
教育測定及び學校調査

以上の中には、方法及教材に關するもの、教科及編制に關するものがあるが、此の外にも最近實際家の間に研究される教材の自由進度の問題、補充教材並に讀物に關する問題等があり、學校に於ける自習時間の特設問題も尚殘されてゐる。これ等の點についての意見の相異は、やがて學級經營の實際の上に大差を生ずることになる。

四、眞の教育觀の上に立て

教育界はどういふものか新奇をてらひ、嶄新をほこる一種の傾向がある。最も地味であり、最も愼重であるべき教育に於て、往々人見せの、宣傳的な、輕卒な、受賣りの根柢のあやしい教育思想なり、教育事業などが見られる。何か人の言はない、爲ないやうな事をやり出すと一、二年の間は參觀人が山をなすやうな景氣を呈するが、四・五年の後には時が雄辯に葬つて終ふ。所謂「新教育」といふものでなければ誰も相手にしない。敎育を參觀人相手と考へると、勢ひさうならざるを得まい。而もそれが研究學校や營利學校ならまだしもだが、國民教育の實際を落ちついてやるべき普通の學校までがさうした態度になつて、賣名の非難を受けることが多い。新教育はもと舊教育の短所・缺點を補ふ爲めに叫ばれるのであるから、獨自の長所を有することは言ふまでもない。修正し補充する意味に於ては所謂新教育に生命があるが、全然舊教育を棄てゝ新教育に變節改宗すべきものではない。我が校の日田前主事は嘗てかういつて居られる。

○

「教育といふことも、眞の事實はこの通りで、教へんとする心の力と學ばんとする心の力との相合力によつてのみ成り立つ。これは教育といふことのある限り決して動かぬ事實である。然るに、我國には近來新らしい教育と稱して、從來の教育に教師の教へんとする力の加はつて居ることを非難し、教育は學ばんとする兒童の力のみで行はるべきである。故に教育ではなくて、學習であるべきである。教師でなくて指導者、教室でなくて學習室でなくてはならぬ。從つて從來の様な教室の教壇は之を撤廢して教師は指導者として兒童の間に立ち、兒童の席は相互に相對して向合ふ様に列べ直ほし、兒童は教師より學ぶことをやめて相互の討議によつて學ばねばならぬ。從つて皆で一様に時間割を定めて同時に教はつたり、同様の教科書で同じ事を學んだりすることも止めて、各自、好むものを選んで、好む時に、好む所まで學ぶ様にせねば眞の教育にならぬなどゝ稱へ、成るべく舊來の型式を一掃して、之に代るに新なるものを以てしようと努めてゐるものがあります。

○

かゝる主張を爲すものゝ内には、中に眞面目に教育のことを考へてゐるものもありまして傾聽すべき點も少くありませぬ。

ことに從來の教育は、とかく、教師の側から教へることに多くの工夫をこらし、兒童の側から、之を學ぶものゝ力を伸ばすことの工夫がたらなかつたので、この新しい教育運動の主張には考慮すべき點も多々ありますが、舊い教育は教師の側からのみ見たものとして之をのろひ、反對に兒童の立場からのみ之を見て、從來の學校教育法を根本から立て直さなければ止まない樣な極端な運動には直に贊成することは出來ませぬ。

○

假令從來の學校教育にとかく教師の側からのみ教育を見んとする弊があつたとしても、之を改むる途はあべこべに兒童の側からのみ、教育を解することでなくて、教師の側も兒童の側も兩者の媒介も總てがよく見へる一段高い見地に立つて、教育事實の全體を直視して公正なる見解を持たなければならぬと存じます。

かくして眞の教育の理想は、現實の學校教育の日々の仕事を進めて行く指導原理として極めて大切なことでありますから、私共は絶えず之を研究して行かなければなりませぬが、之によつて實現せらるゝ我國の、我學校の、我兒童の教育には、そこに又我國の、我學校の我兒童の爲に特別に考慮せらるべき事實のあることを忘れない積りでありますそして敢て新らしきを求めんとするよりも常に正しい本統の教育をしなければならぬと存じます。」(學校と家庭第三號)

五、所謂新舊教育の特色と反省

新教育にも舊教育にも各々棄て難い點があるが、一應その特徴を檢すると次のやうなことになるかと思ふ。

所謂舊教育は、

(イ)教師本位である　教育學でも教育の主體を教師とし兒童をば教育の客體と考へた位である。教師の思想、生活、都合によつて教育が行はれ、常に教育者となつて兒童を導き投け、行はせたものである。教育の細かい事柄まですべて教師の頭で定めた案であつた。

(ロ)主知主義、理性主義である　教育は兒童の知能を開發し理性を明にするにあると考へ、知能の優秀なものを以て優良兒と定めた。成績も主として知識と理性の程度を示すものとなつた。

(ハ)論理主義である　教材を選擇するにしても、科學の系統を其のまゝ小學校の教育に採用するやうな傾向が強く、科學の初歩を平易に教授するのが小學校の教材であるかのやうに考へられた。從つて中學の教材も大學の教材も、我が小學の教材と難易廣狹の差こそあれ、大體類似したものであつた。

(ニ)劃一的である　教材も劃一的であれば、各教科の教授法も一つの原理原則でやらうとして無理をしたことがある。土地の事情や兒童將來の生活は十分考慮せられなかつた。國定教科書に囚はれたり、頼り過ぎた憾がある。

(ホ)他律的干渉的であつた　教師が餘り中心となつて活動するから、教授法なども如何に教師が一時間うまく活動し、演述し、問答したかといふことでその巧拙を定めるやうな時代もあつた。その指導に熱心の餘り、兒童の興味、希望、獨自性、創作性、自發力などを十分に認める暇がなく、何でも教師の考へによつて、兒童の生活を律しようとし、餘りに干渉を加へた點がある。だから兒童の自治も自學も十分に之を現はすに至らなかつた。

(ヘ)注入的で、記憶の陶冶を主とした　兒童が自ら自由に學習しようとするのでなくて、教師の注入が主となり、從つて其の結果を記憶することに重きを置いた。以上擧げた五つの特徴は教育上缺點たるに相違ない。しかし教育上これ等の見地や手段が全く排斥さるべきものではない。

次に新教育の特徴を擧げて見ると、

(イ)第一に兒童中心といふことである　教師本位の教育はコペルニクス的に轉廻して忽ち兒童中心となつた。これは新教育の中心觀念である。教育の目的も方法も教材もすべて兒童の立場を中心として考察せらるゝに至つた。新教育では兒童を手段として認めないで、目的として尊重するといふ。兒童の生活が重視せられ、その興味、希望、自律、自己活動が教育上非常に重要視されるやうになつた。これが更に種々の方面に派生して新教育を彩ることになる。

(ロ)兒童の自治、自學、自律、自發の力を認め、兒童を獨自の價値體と考へる　これ等の力はすべて兒童にも內在し、教師はたゞその力を側面より助長するのが學習であり教育である。教授といふ言葉は妥當でないから學習といはねばならぬ。教師は學科を教授するのでなくて生活を指導するのである。教師は兒童が自發的に學習するやう環境を整理する間接的の任務をとればよい。教師は教授者や命令者であつてはならぬ。たゞ兒童の學習の相談相手となるに過ぎない。教師は先頭に立つのではないよろしく後からついて行くべきものであるといふやうに考へるのが新教育の特色の一つである。

(ハ)學習事項は兒童の生活に求めねばならぬ。教科書のやうな大人の論理で組織したものに囚はれてはならぬといふ。兒童の生活を尊重せねばならぬ。子供の生活は大人の生活の縮圖ではない。又大人の生活の準備でもない。子供には子供の獨自の生活がある。その生活を完了することが教育であり、それが將來の準備となるに過ぎない。生活即教育の主張はかくして現在の教科書や教材を非難する。

(ニ)兒童の自由を認める　兒童の自由の生活が學習の方には自學として認めら

れ、訓練では自治として重んぜられる。これは子供に自律自育を認めるからであつて、兒童の活動性、好奇心、獨立心を非常に重視して、兒童が自由に、發動的に、自分の工夫によつて學ばうとする方面を特に力說する。だから、知能の或る方面の伸展には非常に有利であるが、すべての性能を調和的に綜合的に統一的によく遺漏なく敎育し得るか否かは必ずしも安心されない。

(ホ)**個性の發展を重視するのもたしかに一つの特色である**　從來の學級敎授は往々多數の兒童を相手とするところから、一齊敎授に陷り、各自の天賦の性能を十分に發揮することが出來なかつた。敎授の方面に就ても、訓練の側に於ても、その點は新敎育の方に長所があるといはねばならぬ。人はすべてその顏の同じでないやうに、知能にも個人差があり、性格にも特殊性がある。一人として同一の素質を有するものはゐない。この特殊性をそれぞれ價値化して價値的個性にまで發展せしめるのは個性敎育の本義である。

(ヘ)**作業を重要の手段とするものである**　作業は遊戲と職業との中間性を帶び

るものであつて、教育的價値の極めて大なるものである。近時教育上作業の價値が漸次認められ、殊に筋肉活動を主とする作業を教育の原則とまで見るに至つた。作業には主として身體的のものと、主として精神的のものとがあり、又生産的のものと、機械的のものとがあるが、今日新教育の原則として主張せられるものは、身體的、生産的の作業である。

(ト)創造・創作を重んずることも亦一つの大切な點である　舊教育が模倣に流れ、記憶に偏し、機械化したのに對して、兒童の創造、工夫、發明、發見、創作を力說する。のみならず人生そのものを創造だと見るベルグソンの如きものもあつて、彼の創造的進化の哲學は教育上の一大原理として創造教育・創作教育の主張となつた。如何にも子供は大人の意想外のことを言つたり爲たりする。子供は想像力が旺盛であり、規範や傳統に囚はれることが少いものだから、大人よりも破格なことを爲し易い。そこに子供によつて文化生活も創造されることが出來る。

(チ)教育上協同の原理の認められることは極めて最近の一大特色であるといつ

てよい。従來の學校は、學習の場所として組織せられた。しかしまだ十分作業の團體としては組織せられてゐない。況んや協同生活の團體としては極めて不完全な狀態にある。然るに近來の新教育の傾向は、學校なり學級を一つの社會生活の單位として認めねばならぬと考へてゐる。個人競爭によつて、各自が自己の知能を遺憾なく磨いて、單に個人としての完全を期するのではなく、社會生活を營むことによつて學習する、學習の組織も個人的ではなく、協同一致の社會生活そのまゝになされねばならぬといふに至つた。

以上、舊教育の倘棄て難き點及び新教育に意義ある點を一通り考察した。しかし、新教育が一から十まで眞理のみでなく、又妥當なものでないことは言ふまでもない。兒童の本質なり自然生活なりを過信して居ると、子供の生活といふものは高まるものでなく、深まるものでもない。教科書がいけないといつたところで、教材なしには學習は出來ないし、自由教育、獨自學習、自發自展といつたところで、やつぱり子供のみでは十分な價値化は出來るものでない。指導案も必要であれば、教材の研究も必要であり、日々の指導の實際に多大の工夫と努力を要することも少しも減じはせぬ。否子供に自學をさせ、自治をやらせ、作業を課すると、表面や先登にこそ立たないが、教師の工夫・努力・指導を要することは却て多大であるといふことを忘れてはならぬ。教師に兒童の生活を指導し得る方法と熱誠と努力があり、學識技術及人格に於て兒童に對し何等かの感化を及ぼし得る教師でなければ、所謂新教育と雖も爲し得ないものである。兒童の特殊性(自然的個性)を摑むことは出來ても、單にそれに諛びるものであるなら、それは眞の個性たらしめることは出來ない。子供の生活に理解を有ち、子供の立場になり得ることが出來ても、全然子供でなくては教育は出來るものでない。如何に學校が學習の場所だと力んでも、學習と共に生活を純化する訓練の必要を自覺せず、努力しないものであるならば、個人的競爭の優者は造り得るかも知れないが、協同生活の一員として、社會人の教養は不可能であらう。單に科學とか、藝術とか、道德教育とかいふ一面的文化財を對象とする教育には成功するものがあつても、全人の教育はそれでは不完全なこといふまでもない。ドルトンプランがよいとか、合科教授が珍らしいとか、藝術教育が好ましいといつたとて、教育は教師の單なる趣味や道樂ではない。好き嫌ひで教育の方向を定むべきものでもない。却て一知半解の徒は全般を誤る虞がある。如何に個人教育を力説して見たところで、團體教育にはやはり教育的の缺くべからざる長所がある。單なる經濟的立場からの窮策ではない。

以上の如く理論と實際の兩方面の廣い立場から教育を考察し、反省するならば教育は決して單純には行はれるものでない。しかしそれでこそ教育の正道を踏み外さないで猛進し得るであらう。而して現今の教育思潮の中自由教育説及準備教育説については、最も誤解され易く、弊害を釀し易いものであると思ふから、私は、自由教育については其の權威者たる篠原助市教授の公平なる意見、準備教育説については斯道の大家デュヰー博士の批評を參考して、自己の蒙を開き教育觀の確立に資したいと思つてゐる。

□準備としての教育について

教育の過程は不斷生長の過程であつて、如何なる時期に於ても、成長能力の増進を其の目的とするものである。然るに實際上多大の勢力を有する誤れる教育の觀念が少からず行はれてゐるのであるが、今吾々の教育觀念に對照して最も誤謬の明かなるものに凡そ三說がある。即ち

第一は教育を以て未來の準備又は用意なりとする說。

第二は教育は兒童に潜在するものを開發する作用であるとの說。

第三は心的能力を反復練習して鍛練するの作用であるとの說である。

今第一の準備說より吟味して見る。此の說の所謂準備とは勿論成人生活の種々なる責務及び特權に對する準備を指すのである。之は兒童を社會の成員とは認めず、單にその候補者と認めるに過ぎない。斯の如き意味に於て、兒童生活は將來に於ける成人生活の準備と認められるのみならず、更に一種宗教的に考へて、その成人生活をも之れだけでは無意味のものと認め、更に來世に於ける準備とさへ考へる一種の準備說もある。兎に角此の準備說は成長の消極的性質を唱へる學說の一種に外ならない。故に此の批評を反復するの煩を避けて、此の說が教育說に

及ぼす悪結果を列擧して見よう。

第一、此の説は動力を失はせるものである。換言すれば動力を利用しないものである。兒童は徹頭徹尾現在に生活する。之は動かすべからざる事實たると同時に一種の長所と云つてよい。未來そのものは緊急性と實體とを缺いてゐる。凡そ或る者の何たるかを知らず、又何故かを知らずに、そのものゝ爲に準備し用意するといふことは、現在の立場をすてゝ空漠な機會に原動力を求めんとするものに外ならない。故に

第二、因循姑息、優柔不斷の態、及び精神を養ふことになる。何となれば、準備すべき未來は、現在とは非常な距離があり、從つてそれが現在となるまでには非常な時間を要するのである。之に對して何の急據用意する必要があらうか。況や現在には驚異に滿ちた幾多の機會があり、兒童の冒險を促す幾多の事象があるではないか。

第三、個人を敎育する場合に、その特殊の力を標準とせずして、常套的なその社會の期待及び必要を標準とする結果になる。即ち個人の長所及び短所を嚴密に判斷して敎育するのではなくて、或る遠い未來に於て兒童を如何なるものに仕上

ぐべきかといふことに關する漠然たる意見に基いて、教育することになるのである。斯の如く現在を全く犠牲にして、偏に未來の爲め準備をのみ主眼とするの結果、却て所期の目的を沒却することになるのである。

第四、此の説によれば、快樂及び苦痛といふが如き一種外部的の動機を主にして教育することにならざるを得なくなるであらう。蓋し現在の可能性を離れては未來なるものに何等の刺戟力もないのであるから、止むを得ず賞罰といふが如き外部的手段によらざるを得なくなるのである。一體現在の理由の爲めに、又現在の生活に於ける一要素としてなされる仕事は、最も健全であり、而も大部分は無意識の間に行はれる。即ちその行動の刺戟は、當面の事情に存する。苟も此の當面の事情を閑却せんか、若し兒童が成人に課せられたる進路を遂行せざれば罰を與へられるであらうし、反對に命令通りに行つたならば、何時か未來に於て、此の現在の犠牲に對する褒賞を與へられるであらう。

要するに教育か未來の準備を爲すべきや否やは此の場合問題でない。若し、教育が成長であるならば、それは次第にその時その時の現在の可能力を理解し、兒童をして其の後其の後の必要に一層よく應ぜしめるやうに教育を施して行かねばならぬ。成長といふものは、或は臨時の瞬間に於て完成さるべきものでなく、絶えず未來にまでの進行である。苟も學校の内外を問はず、社會的環境が兒童の現在の能力を適切に利用する事情を作るやうにするならば、現在から成長するところの未來を吾々は確に顧慮するところなくてはならぬ。そこで、此の準備說の誤謬を見るに、それは未來の必要の爲の準備といふことに重きを置く點ではなくて其の事を現在の努力の根元たらしむる點にある。不斷發展の生活にとつては、未來準備の必要なるは明かであるから、吾々は兒童のあらゆる力を指導して、現在の經驗を出來るだけ豐富にし、且つ有意義のものたらしめねばならぬ。かくして現在が不知不識の間に未來に入つて行くのであるから、そこで未來が初めて大切になつて來るのである。（デユイー、民主々義と敎育の一節）と。

□佐々木主事（秀一）は「現代敎育說の特質概觀」について、

現時に於ける一切の思想は、その學術的根據を要求する熱度が甚だ高い。殊に一般に科學的根據に立たうとすると共に、哲學的根據の要求の熱烈な點に於て著しい。彼の政治學、法學・經濟學等の學に於ても、深く哲學の範圍に入らうとして居り、又倫理學・心理學、社會學、生物學或は歷史・文藝等に於ても、著しく哲學的色彩の濃厚なことが注意せられる。それ故に敎育の事を論ずる者も、多くこの傾向の影響を免れることは出來ない。此の點が大戰前の敎育說に比して、現代敎育說の第一の特質として頗る趣を異にするところである。即ち

第一に、現時の敎育說の最も多くは、哲學的根據を得ようとする要求が頗る強い。

第二に、現時の敎育說には　生物學的根據を求めようとする要求も亦頗る著しいものゝ一つである。

これは戰前の思想にも認められるが、彼の本能・衝動・人格・個性等を見るに當つても、何れもこれを生物學的の立場から、しようとするものはその例である。

第三に、更に心理學的根據を得ようとする希望も、從來より益々深くなつて居ることも云ふまでもない。實驗敎育學の思想も、一方に於て益々盛んにならうとして居り、その實際的適用も益々擴張せられて居る。

第四、社會學的根據の要求も、現代敎育組織の上に於ける一の大なる傾向で、米國に於ける思想の如きは、最も鮮かに此の傾向を示してゐるといつてよい。

その他、倫理學的傾向及文藝・宗敎に敎育の根據を求めようとするものもある。

要するに現時に於ける一般思想界の傾向は、概して、學的、特に哲學的根據の要求に於て最も熾烈である如く、敎育の思想に於ても、此の點が最も注意すべきものたることは、何等の疑問は無い。又哲學以外廣く科學的根據の要求も、同時に熱烈にならうとしてゐる。何れも敎育者の思索の深く、且つ確實な方面に進むものとして、大いに慶賀すべきことである。

□自由敎育説については

○要旨　兒童が生れながら有する自然性の自由な無制限な發展を以て敎育の目的となし、其の方法に於て全く人爲的手段を排せんとするものである。

○主張者　ルソー、エレンケー、プードル、グルリツト、ボース及モンテツソリー

○要點

1. 兒童の自然性を善と見るか又は自然に善に向つて進み得るものとなせること。
2. 敎育の第一原理は自由である、自由であるが故に又消極的であること。
3. 自由であるが故に兒童の個性を尊重し、極端なる個人主義に陷り、其の結果學級敎授を排し、敎科敎材の自由選擇を重ぜんこと。此の點に於て自由敎育

說は極端なる兒童本位の教育である。

4. 凡て人爲を咀ひ命令、賞罰等一切の教育手段を棄てんとせること。

5. 從來の教育が形式的、一般的、機械的にして抑壓に傾いて居た反動として起つたこと。

○要するにあくまで反動說である、說く所常規を逸せる點も少くはない。故にフェルスター、パウルゼン、ミュンヒ等を初め、自由教育說に反對するものが少くない。と。

第二節　兒童及其の生活の研究、特に團體意識發達の研究

すべての教育的計劃は兒童そのものゝ上に立てられねばならぬ。この點が極めて明確にされて來たのは、輓近教育の一大進步といはねばならぬ。私は學級經營について、特に此の點に深い根據を摑みたいと思ふから、章を改めて研究することにする。

第三節　現代生活及環境の正解

教育は言ふまでもなく、現代生活について子供相應の意義ある生活を爲しつゝ、他日其の生活に入るに當つて、最も價値ある生活を自ら營み、他にも貢獻するやう指導すべき作用であると解される。現代生活を離れては教育はあり得ない。そこで現代生活の中に全然沒頭すると、其の善惡正邪の見さかひもつかず、たゞ世相のまゝに蠢動することに終らねばならないが、これに反して、大處高處より批判的に見下すのみでも、決して大衆と共に價値ある生活を營むことは困難である。現代生活には幾多の暗い方面があり、唾棄すべき事情はあるにしても、又珍らしいほどの明るい方面もないではなく、感謝の生活もないではない。所詮は現代生活は萬全でもなく、萬惡でもない。その現代生活について明日の明るい生活を認めさせ、明日の生活を創造することに責任を持たせる心持が、子供の時から植ゑつけられねばならぬ。子供自身の共同生活は、此の意味を以て見る時に極めて尊いものにもなり得るのである。私が曩に學級經營の持つ新しい意義を明かにしたのも、全く此の點を明確にしたいが爲めであつた。又子供の生活を理解するについて、特に團體意識の發達の方面を重要視せねばならぬといふのも、全く同一の趣旨に基づくものである。

第四節　敎育法規及制度の研究

敎育に關する法規を研究し、我が國の敎育制度(特に初等敎育に就て)を十分理解して、日常の敎育に當るといふことは、今日の敎育者の最も怠つてゐる方面であるかと思はれる。敎員たるものがその素養として此等の方面に關する修養を爲すのは、管理法と稱する方面で、主として學校管理の立場から學ぶことになつてゐるに過ぎないし、偶々此の方面の研究に興味を有するものが校長にでもなると、事務的處理の方面から、必要に迫られて研究するといふ程度ではないかと思ふ。最近の學級經營の熱心なる研究振は、敎員各自の自覺によつて、敎育の本質を掴み、各自の學級といふ立場から、教育の實績を擧げたいといふ點に基くことは、已に屢々述べた通りであるが、我が國の敎育の本質を摑むことは單に敎育學の原理のみからでは不十分であつて、之を具體的に指示してゐる敎育法規の側からも理解するやうにせねばならない。

元來敎育法規及制度に關する研究は、吾等にどういふ敎育的意味があるかといふに、

(一)敎育に關する國家の意志を知ることの出來ることがその一つである。敎育殊に小學校敎育は、重要なる國家事業の一つであつて、敎育尊重の精神が遺憾なく包含せられてゐるのである。敎育殊に小學校敎育については國家は、非常に熱心に、且つ精細に考究しつゝそれを徹底せしめる爲めに、法規として之を强制することになつてゐる。敎育といふものは、抽象的のものではなくして、國家自ら健全なる國民を敎養しようといふ現實のものであるから、殊に國民敎育の精神並にその徹底に必要なる方法にいふものは、よほどまで細かく國家自らが指示してゐるし、

其の施行については、文部省を初め各種の監督指導機關があることは申すまでもない。これ等の方面を十分理解し、國家の要求する教育を施す爲めにはどうしても教育法規及制度の研究を爲す必要がある。

(二)小學校の教育者は國家の官吏又は待遇官吏であるから、其の職務と服務について承知して置かねばならぬ。尤も私立學校の教員は必ずしもさうではないけれども、しかし學校は國家又は公共團體の營造物であり、たとへ私立の學校にしても、公共的性質を有することは言ふまでもないことである。故に教育者は其の身分上の地位について國家の法規によつて一面に於ては保障せられ、他の一面に於ては制限せられてゐるものである。此の點を十分理解し、その趣意を遵奉しなくては、日々の教育活動といふものが不都合なく行はれることがむつかしい。その日常の勤務服務に關しても、細かい心得が定められ規律を與へられてゐるのであるから、教員の行動は、公人としても、又或る點までは私人としても、普通一般の人とは特別の地位にあることはいふまでもない。此の點については一般の教育學に通ずると共に、教育法規の示するところをよく體認せねばならない。

(三)學級經營の具體的手段は、法規の範圍內で、法規の趣旨を貫徹するといふことを脫出することが出來ない。今日の教育法規は或る點については其の原則的大綱のみを示すに止めてゐるが、しかし或る方面については嚴密な規定によつてゐるものである。例へば教科書の如きも法規に基づいて編纂せられてゐるし、各教科目の教授要旨も亦教則の指示するところである。養護、學校衞生の如きものについても、清潔方法、傳染病豫防、近視眼豫防身體檢査、學校醫の職務等に關し精密な規程を設けてゐる。殊に尋常小學校の設置に關する義務や、保護者の就學義務等については、兒童保護の立場から、いろいろの法規を以て保障することになつてゐるし、これ等は小學校に關する教育法規の研究に俟たなければならぬことである。而して吾等は此の趣旨を貫徹する爲めに努力することが、卽ち與へられた職務である。教育の研究も畢竟は此の國民教育の本旨を如何にして貫徹するかといふ點に向つて加へらるべきものである。若しも此の研究の本旨を過るならばそれは研究ではなく餘計なことゝいはねばならぬ。

(四)學級經營の事務的方面を遺漏なく執り行ふ上に必要である。如何なる事務があるかは下編に於て述べるところであるが、これ等は學校教員として單に教育上の立場から重要なことであるばかりでなく、國家事務の一つとして吾等の當然爲さねばならぬことである。世には此等の事務的方面にのみ沒頭して、むしろ教育の本質的方面ともいふべき事柄に對しては十分努力しないものもあるが、又之に反して此等の事務的方面を非常に輕視し、等閑に附するものがある。何れも當を得ない態度であるといはねばならぬ。

(五)教育制度の研究は、我が小學校教育の本旨を會得することになる。小學校教育の本旨は、廣く中等高等の教育と綜合的な研究によつて明になるし、我が國の小學校教育の特質は、歐米先進國のそれと比較して研究することによつてよく會得せられるものであるから、教育法規並に制度の研究も廣い立場から研究せねばならぬ。學級經營者として是非とも心得て置かねばならぬ法規は小學校令、小學校令施行細則であるが、尚其の外時々出される勅令、文部省訓令、通牒等の中にも心得べき事項がある。

第五節　敎師の敎育力・特に敎材へ精通、堪能

敎師は種々の事情によつてその敎育し得る力といふものに差等があり、制限を見るものである。體力や家庭の係累の如き外的の事情に支配せられる外、其の學力、素養、資格、男女の性、年齡、經驗の多少等の如きものは、どうしても個々の敎師の敎育力を制約することになる。殊に直接關係の深いのは學識學力の問題である。

學級經營を從來の如き學級本位でやるにしても、又學科本位でやるにしても、どの方面から見ても各種の敎材に精通すること、技能の方面に堪能であるといふことは、敎育の理論からいつても、實際から見ても極めて必要なことである。小學校の敎材は平易なものであり、常識的のものが多いから、師範學校卒業の程度に敎材に通じて居れば、それで澤山だと考へるものがあらば、それは非常な誤りである。

如何にも小學校の教材は平易であり基礎的な程度であるけれども、それが兒童將來の傾向にどれほど重大な關係があるかは決して見逃してならぬ。學校時代の教師の影響といふものは、餘程兒童の一生を支配するものである。

1、印象・感銘が深い。

小學校時代に受けた印象や感銘といふものは、人の一生に亙つて最も深刻なものになる。而も兒童少年の時代は、思想生活は單純であるから、大人の場合よりも印象を如實に受納し、深く強く感銘することが多い。私が今でも國史に興味を持ち、唱歌に趣味を抱くのは、小學校時代の先生の賜である。今でもその頃の説話が眼前に髣髴として現はれ、音聲が耳底に殘つてゐるのである。而もそれはそれぞれその道に堪能な先生であり、興味と自信とを持たるゝ先生から受けたものである。

2、興味を起さしめる。

或る學科に興味を生ずるのは、その教師に學力が優れ、教授の方法が巧妙で、且つ自ら興味のある場合である。之に反し教師に學力なく、ほんの教科書のお取次を役目までにするといつたやうなものに、兒童に興味の起りやうがない。子供は母の鏡といふが、學科については、兒童は教師の鏡であるといつてよい。

3、學科にいゝ上達せしめいゝ堪能ならしめいゝる。

優良な教師に教へられる兒童が、いつの間にかその學科に上達し、技能に堪能になることは、私どもの日常見聞する事實である。今迄一向に出來なかつた數學が優良な教師に受持たれるやうになつて、急に著しく上達したといふ例は幾らもある。或る學科例へば書方のうまい教師の學級から、書方に優れた幾多の人を出す例も多い。師範學校などでは、夫々の專問の教師の優劣によつて、小學校教師にいろいろの特色を生ずるのが顯著であることを見るので、大いに自重し自奮せねばならぬことである。

第六節　學校經濟、設備

學級經營は理想であると同時に、實行である。徒らに理想を掲げ希望を大にしても、市町村の經濟的事情に合しないものであるならば、それはいつまでも理想に止らねばならない。故に學級經營の爲めには、市町村の經濟狀態、教育費の程度をよく辨へ、學級數、教員の質及數、男女教員の割合、教室及教具の設備、兒童保護者の教育的協同を爲し得るの程度、學習用具の購買力等を考慮して、理想と實際の餘りにかけ離れないやうにすべきものである。學校を參觀して、經費の貧弱な學校に却て教師の力になる教具を見受けたり、有り餘る程の設備を十分利用しないでゐるのを見るのは大いに反省すべき點である。

第七節　男女教員の教育力

小學教員といふ仕事は、或はいゝ母の仕事の延長として見れば、女教員の方が適職だともいへないことはないが、しかし今日の小學校教育は、決して簡單なものでないから、男教員を以て根幹とし、學級經營者も男教員を本體とすべきであらう。しかし此の點は學校の事情、教員の人物により頗る實際に適切な考察を要するのである。元來男女教員の優劣を論ずるには、單に傳統的な感情的な見地からのみでは足りない。社會的、經濟的及び教育的の各種の見地より論究せられねばならぬ。奈良女子高等師範學校教授小川正行氏の比較研究は、此の點について正鵠を得たものといつてよいから、主として女教員の立場から左にその要點を列擧しよう。

甲、女教員贊成論者の主なる主張。

一、女教員は男教員よりも、教育的手腕を有し、且つ教授上の熟練を有す。「教職と醫術及び看護は最も女子の適する所なり」。

二、女兒の教育者として、女教員は最も適當なり。「女性は其の同性に取りては天賦の最大教育者なり」。

三、女兒に取りては女教員にあらざれば教授するを得ざる裁縫・家事其の他特殊の教科あり。

四、女教員は其の優美なる態度と、精神的活動とによりて、兒童を感動せしむること大なり。

五、女教員は母なき兒童の爲めに、又其の母の及ばざる所を補ふことと大なり。

六、獨身の女教員は、多數の家族を有する男教員よりも、献身的に教職に從事す。

七、女教員は從順に上長の指導に從ひて教職に從事す。

八、女教員を雇聘するときは、男教員のみを置くよりも經濟的なり。

女教員數の增加は主として此の事情に基づく。

九、女教員の家庭は多く男教員よりも良好なり。從つて社會に於ける地位高し。

乙、女教員の短所。

一、女教員は身體虛弱なるを以て、教職の如き繁劇にして、且つ汚濁せる空氣中に永く執務するの職に堪えず。女教員が男教員に比して、缺勤步合及罹病率多きは明に之を證す。

二、女教員には勤續者少く、又退職者多し。

三、男兒の教育には最も意志の强固なるを要す。

女教員には此の重要なる資質を缺くもの多し。

四、政治的趣味乏しき女教員には、立憲國民に必要なる知識性格に於て缺くる所あり。

五、女教員は科學的專門的素養に於て男教員に劣る。

六、女教員は研究的態度乏しく、學校教育の進歩に貢献すること少し。家事・裁縫等にても女教員にのみ委する時は、其の進歩甚だ遲々たり。

七、女教員には中心より教職を愛し、內心の滿足を以て從事するもの少く、已むを得ず從事するもの多し。殊に既婚の女教員は然り。

八、女教員は事務的才幹に乏し。

九、女教員は情緒强烈なるを以て、兒童に對する愛憎の念强く、從つて偏頗不公平に傾き易く、又細密執拗に過ぐるを以て、教育的方法を誤ることあり。

十、女教員は外面從順なるが如しと雖も、內、猜忌嫉妬の念强きを以て、男教師よりも管理し難し。

以上要するに、女教員には短所があると共に又長所もあるのだから、之を適當なる地位に用ふることは、經濟的、社會的、教育的見地より必要であり結構である。しかし米國の如く、たとへ小學校と雖も、普通教育の女性化することは決して喜ぶべき現象ではない。

第八節　教育精神の充實

(一)教育の仕事は畢竟精神的の事業である。教師といふ仕事が職業化したのも事實であるけれども、所詮打算的なものであつてはならぬ。教育者も人である以上勿論生計を離れることは出來ないけれども、利益を獲得することを第一義としたり、榮達を望むことを目的としては教育の仕事は馬鹿々々しいことになる。教育の仕事は營利とは緣の遠いものであり、世間的に花々しく高位高官に昇れるものではない。教育は兒童生徒の日に月に發展し、價値化して行くのを見て、無上の悅樂を感じ、精神上の滿足を味ふものであつて初めて爲し得る仕事である。此の心持が教育活動の源泉となるものである。此の境地に達しないものが、徒らに世に衒つても、内心の悩みはいつか自分の尊い仕事に厭きを生ずるものである。

(二)自己の職業なり階級なりについて、從來最も自信あり、自負したものは軍人である。そこには軍人精神といふ特別な魂が出來上つた。非常な勇氣もそこから生ずる。體面を重んずる態度もそこから生ずる。又責任を感ずるといふ心持も自然そこから生ずる。今日では或は此の軍人精神も昔日ほどの意氣がないのではないかと思はれるが、それにも増して懸念されるのは教育者の教育的精神である。教育者たるの自負的・自恃的態度は殆んど地を拂つたのではあるまいか。形の上の事で一概にはいはれないが、現に教師に制服制帽でも被つて、われは天下の教育者だといふ自信のあるものは幾人あるであらうか。軍人が軍服を着け、堂々と軍人と名乘るのに對して、教師は成るべく教師と見られたくないやうな態度をしてゐる。實業家と思はれたり、官吏と思はれたりすることを以て喜びもすれば、さうした方策をめぐらしてゐる事が多い。教師型を避けることにのみ努めてゐる。固より職業的に固まつてしまふのはよろしくないが、自分の職業をかくさうとするといふ心持に至つては、實に淺間しいものである。

(三)教育者は天下の先覺者を以て自任すべきであると思ふ。福澤諭吉先生ほどの一大抱負を教育者は持ちたいものである。それには教育界に偉人を出さねばならぬ。そして教育者の社會的地位を上さねばならない。今日新聞記者などは自ら社會の木鐸を以て任じてゐるが、教育者こそ社會の先達となるべきものであらう。

然るに今日の實際を見ると、其の素養の淺い點から見ても、收入の輕少な上からいつても國家の遇する榮典等から見ても、教育者の地位は、社會的には漸次下降しつゝあるやうである。從つて教育者は町村の有志にさへ頭が上らず、下級の官公吏の鼻息をうかゞはねばならず、一擧手一投足にも官廳の指揮監督の下に動かねばならない。父兄からも常に苦情が出るといつた様に、師道が嚴然と確立するわけがない。師道の立たないところには、教師の精神的活動が十分に行はれなくなり、教育の生命はなくならざるを得ないのである。私どもが僅か一學級の經營を爲して行くのに、かうした要求はいらないやうに考へるものがあるかも知れないが、輓近の學級經營は教師の自覺から生じたものであることは已に屢々述べた通りである。教師の自覺はこの教育精神となつて現はれるものであるから、學級經營の理想から見ても、又實際から見ても、教育精神の充實することが萬事の根源となるといはねばならぬ。自分の仕事に意義を十分に認め、自分の生活に安心と興味と責任を認めるものでなければ本當の學級經營は出來るものでない。一時的外面的、好奇的な事は、私どもの學級經營では必要としないものである。もつと自覺の上に湧き出づる旺盛な精神的活動によつてのみ學級經營が計劃せられ、遂行せられ、よい結果を得て行くものである。

第八章　兒童の生活と個性

第一節　兒童の生活

私どもは教育のあらゆる場合を通じて、兒童の生活――その本質並に發達の事情――を正しく理解せねばならぬ。教育も學級經營も畢竟兒童生活の指導であるから、其の本が不明であつては到底適確な指導が出來ないからである。

小學校に入つた程度の兒童になつても、大體はまだ自然的生活に多く支配せられてゐるが然し、次第に價値的・規範的の生活に入つて行く過程にある。其の指導の方法如何によつては、子供相應の價値生活を高めることが出來るが、しかし教育は餘り急いではならぬ。小學校の子供に大人や青年の生活を要求するのは却て害があるばかりである。

一、兒童の自然生活

そこで子供の生活の大部分はまだ自然生活であることは前言の通りである。自然生活は大體本能生活・衝動生活といつてよからう。本能や衝動には、勿論そのまゝ實現させることは價値生活を高める上に好しくないものもあるけれども、しかし人の生活は本能や衝動を善導することが最も力強いものとなる。本能衝動の大部分は殺すべきものではない。

本能には通常自己保存の本能、種族保存の本能、發達本能、社會本能の四種があるとされる。中にも小學校の教育で考慮すべきは發達本能、自己保存の本能、社會的本能の三つであつて、何れも學習の指導、訓練等の方法を講ずる場合に、十分考慮せねばならぬ事項である。

發達本能の中には兒童生活の大部分を占める遊戯を始め、模倣、創造、破壞、活動等の諸本能があつて、學習には此の本能に俟たねばならぬことが多い。

社會的本能には群居性、社交性、羞恥心を初め、同情、献身、犧牲等の高等の諸本能まであつて、訓練上には此の本能の發達に俟たねばならぬ場合が多い。

自己保存の本能は最も强烈なものであつて、榮養、恐怖、爭鬪、憤怒、競走等の本能から、學習に直接關係の深い蒐集、好奇の本能等がある。

以上本能衝動は情意と共に知的作用など、全心意の集中的な作用であるから極めて根强いものである。

二、兒童の價値生活

子供の間は自然生活に支配せられることが多いけれども、次第に其の間から理性とか、情操とか、意志的行爲などが發展して、價値的生活の繼承も創造もなし得るやうになつて行く。それを助長するのが結局私どもの學習指導であり、訓練であり、養護である。

子供の價値的生活の內容といつても、價値の內容は大人のそれと區別はないものである。從つて當爲の規範である自然律、感情律、慣習律、條理律、道德律、宗敎律などに從つて、

科學的生活

審美的生活
道德的生活
宗敎的生活
經濟的生活
强健な生活

を營むことが次第に出來るやうになれば、それは子供の自然生活が價値生活へとはいつて行つたことを認めることになる。而もそれが初めは親なり敎師なりの指導により、他律的にやつと出來ることでも、後には次第に兒童自身に理想が構成せられ、規範が認められて、自律的に營まれるやうになる。そこに敎育や學習の到達點がある。そこまで導くのが私どもの日常の任務である。

而して此の域に達するにも兒童自身の遺傳的素質と、各方面の社會的環境とが非常に重要な關係を持つものであるから、私どもの仕事は決して全能でないことはいふまでもない。

第二節　兒童の性能に即した指導

一、百人百種の性能（個人差）

兒童は其の顏の異る如く、心身の性能に於ても百人百樣の區別があり差異が認められる。兒童のスタートは決して一ヶ處ではない。皆それ〴〵異つてゐる。それを從來の教育では同一線上に五六十人を並ばせて、一令の下にスタートさせたものであるから、樂にコースを走れるものもあれば、中程までゝ跪くものもあり、中止せねばならぬものも出來る。然らばスタートで、それ〴〵ハンデキヤツプをつけて置けばよいとも考へられるが、それだけでも決して十分ではない。自力で走れないで最後まで手を引いて行かねば決勝點に屆けないものさへあるのである。こゝに學級教育、團體教育の最大の苦痛があり、困難が存在する。此の性能の差別については心理學や生理學、醫學、兒童學等の進歩により、所謂個人差の問題は次第に明かになつて行くけれども、尙十分に判明しない點が多いのと、たとへその點は判明しても、今日のやうな多數の學級教育では如何とも爲し難いといふ事情が橫つてゐる爲めに、教育上個人差がどうも十分に顧みられない、思ふ樣に伸展させることが出來ないでゐる。

二、常に顧慮すべき性能の差別

此の個人差は通常個性といふことで研究せられてゐるが、かゝる千態萬樣の性能は教育上常に顧慮すべき條件となるものである。各性能に應じて爲し得べきだけの教育を爲すことが私どもの任務である。各兒童の性能を最もよく知つてゐるものは兩親に越すものはないから、私どもは醫師からも、兒童本人からも、之を知得せねばならぬけれども、兩親より詳に聞知することが最も適切な方法であると思ふ。

以下兒童の身體的及精神的個人差について心得べき點を研究することにしよう。

第三節　身體的個入差

一、身體成長の一般現象

身體の成長の狀態は、一ヶ年間に於ても、兒童期全體を通じても、律動的で且つ對比的である。即ち身長と身幅、並に體重との增加の速度は、遲速互に交代する。一年中で身長と體重とは互に交代して增加し、前者の增加の最大なる時は、後者の增加の最小なる時で、彼の最小なる時は此の最大なる時である。

此の律動的發達は、兒童全體を通じても次の樣に行はれる。

第一充實期（一——四歲）　身幅が身長に勝つて增加する時期
第一伸張期（五——七歲）　身長が身幅に勝つて增加する時期
第二充實期（男八——一二歲 女八——一〇歲）　第一充實期に同じ
第二伸張期（男一三——一六歲 女一一——一四歲）　第一伸張期に同じ
第三充實期（男一七歲 女一五歲）　第一充實期に同じ

二、身長の發育

我が國では文部省で其の標準を示してゐるが、昭和二年四月一日以後は第十六章に掲げた表を以て其の標準としてゐる。各自に自覺させ、反省させるがよい。兒童身長の發育についでは次の事がいひ得られる。

1、身長は發情期前に著しく增加する。

2、此の著しい增加は、女兒には男兒より一・二年早く來る。

3、生長のやゝ減少した現象は八・九歳から十一・二歳位までに見られる。

4、身長の增加の遲緩は四・五・六歳よりも十七・八歳頃にかけて一層甚しい。

5、就學期に近く身長の發達は遲緩となる。やがて再び增加する。

三、體　重

體重についても文部省の標準と比較せねばならぬ。尙兒童體重の發育については次の事がいはれる。

1、發情期の直前には、男女共に身長と同じく體重も著しく增加する。

2、此の増加は女兒に於て一・二年早く來る。
3、四・五歳頃から六・七歳頃までの間には、増加が遲緩である。
4、十六・七歳頃からは更に其の増加が遲緩になる。
5、就學期及中學卒業期頃は、身長・體重共其の増加が遲緩である。

四、胸圍

胸圍も文部省の標準のものがあるが、概然的には胸圍は身長の二分の一以上を以て健康體と認められる。各兒に自分のレコードを計算させて見るがよい。

五、頭圍・頭形

通俗にはおでこは智慧者だといふがそれは一概には言はれない。頭圍の大なるものが必ずしも智能の勝れてゐるとは言はれない。實驗教育學などでは頭の横徑と縱徑の關係によつて長頭、中頭、短頭と別つことがあるが、未だ其の何れが知能の勝れてゐるとも言ひ得ない。

人の賢愚卽ち知能の優劣は頭蓋の大小や頭形よりも、大腦內容の質によつて違ふといふのが定說のやうである。之は解剖學的の事になるが、大腦皮質の皺襞の多少及深淺はやがて人の賢愚を示すものであるらしい。而して頭の外形が特別に大なるものや特別に小さいもの、奇形のもの、後頭部の截つたやうなもの、頭上に凹溝のあるものなどは、先づ異情兒の徵候として注意を要するものである。

六、齒

齒は消化器の一つとして大切なものであるから、其の狀態をよく觀察すると同時に、その衛生にも注意させねばならぬ。

1、齲齒の有無、本數。
2、齒痛の有無、程度。
3、義齒の有無、其の心持。
4、畸形な齒の有無、齒列の正否。

生齒期及交齒期は該兒童の心身に深い關係を有する、卽ち發熱したり、消化不良に陷つたり、不快不安になつたりするものであるから、教師もよほど注意せねばならぬ。

七、呼吸

兒童の呼吸數は大人(二〇乃至一八回)に比して遙かに多い。平時に於ける健康兒の呼吸は徐々と、安靜に、鼻呼吸をなすものである。

年齢	初生兒	一年	五年	八・一〇	大人
呼吸數	四〇—四五	二五	二一	二〇	一八—二〇

八、血壓及脈搏

血壓も亦身體の健康に重大な關係がある。

年齢	七	八	九	一〇	一一	一二	一三	一四—一六(青春期)
血壓	八四	八五	八七	九〇	九二	九六	一〇〇	(一一〇—一二〇)

年齢	初生兒	一年	四年	一〇年	一五年	成人
脈搏數	一三六	一一八	一〇〇	八六	八二	七二

九、言語

一〇、手足の運動

一一、管の作用(聽覺・視覺・嗅覺・味覺・皮膚覺)

一二、春機發動期

男女の性のめざめは第二の誕生期ともいはれるものであつて、これによつて身體上の著しい相違を生ずるのみでなく、思想感情の上にも非常な違が生ずるに至るものである。即ち各兒の性能の差別の上に二重の複雜さを呈するやうになる。しかしこれが完全な人になる關門であるから、出來るだけ自然の發育を助長せねばならない。

春機發動期はいつかといふに、第一人種により一樣でない。又植物、家庭の職業、環境の如何、身體發育の狀態等によつて一定するものではないが、大體男子の春機發動期は十二歲より十六歲(尋常五・六年から中學二・三年頃)である。女子は十一歲から十四歲まで〻即ち高等小學校の女兒、高等女學校の一・二年頃がその中心である。女子は此の時期には一層精神的異常を起し易い。それを大別して(甲)無感覺型(乙)恐怖型(丙)空想型(丁)忿怒型となすことが出來るが、何れにしても此の時期には身體の運動にしても、精神的の刺戟にしても親なり敎師なりが注意して、なるべく過激に亘らないやうにせねばならぬ。若し學級内にさうした兒童が發見せられたならば、個人的に眞面目にその心得をしてやるだけの親切さと知識とを學級經營者は持たねばならぬ。

第四節　精神的の個人差

兒童の精神的個人差は、學習や訓練の上に一層直接の關係があるから、個性心理學は此の點についてよほど進んだ研究が行はれてゐる。

一、大瀬博士は敎育的見地からは、兒童の天性を次の五方面から研究するがよいと敎へられてゐる。

(一)社會的天性　社會的行動に關係する性能を指す。

(二)氣　　質　身體の機關の遺傳的特質。
(三)心的反應性　刺戟に對して反應し、行動を發することに於て終る現象。
(四)生　活　力　生理的要素であつて總ての心的性質の上に反動するもの。
(五)特殊才能　一方に向けられた反應的努力が、他方に向けられたものよりも遙かに有効であるといふ自然の傾向を指す。

二、心理學の最近の發達は人の全心意を未分の狀態に於て研究する傾向にあるが、普通心意作用を(甲)認識、(乙)感情、(丙)意志に別つて考へることは、今尙棄てられたものでない。そこで認識作用について特に(一)注意、(二)統覺、(三)記憶及學習、(四)想像、(五)思考の五つの作用に、それ〴〵の標式を定め、禀質學を構成しようとする企てもある。しかし學習の指導上私どもの最も心得置くべきものは、高等なる知的作用の二大基本形式である想像的標式と思考的標式についてゞあると思ふから、これを中心として左に精神作用の個人差の梗概を心得たいと思ふ。

兒童の注意作用

(一)注意の特徴。

1、注意の强度には種々の程度があること。

2、一瞬間に注意して把捉し得る刺戟の數は個人によつて一定しない。この數を注意の廣さといつて、(甲)同時的の廣さと、(乙)繼續的の廣さとがある。シヤドウイク氏は兒童の注意持續時間を次の様だといつてゐる。

五歳より七歳迄　十五分間　十歳より十二歳迄　二十五分間

七歳より十歳迄　二十分間　十二歳より十六歳迄　三十分間

3、注意しない觀念は禁止作用を受けて、意識に明瞭に現はるゝ事がない。故に注意の第三特徴は少數の印象を制限する事實である。

4、注意は一定數の印象に分配せられる。分配に多少がある。故に注意の制限と分配とは注意の相反する性質であつて、制限は一定數の印象を明晰ならしめ、分配は却て注意を擴張しようとするものである。

5、注意の誘出及持續の如何によつて注意を區別すれば、有意注意と無意注意とがある。

(二)注意惹起の要件。

注意は次のやうな條件によつて惹起し、持續することが出來る。

1、客觀的條件となるものには、(一)刺戟の强いもの、(二)刺戟の大なるもの、(三)刺戟の變化するもの。

2、主觀的條件としては、(一)意識に思ひ浮べる感覺又は觀念に關係のあるもの、(二)目的又は態度の如何は注意の方向を示すことになる、(三)練習は注意を有効にする、(四)敎育の力も亦大なる關係を及ぼす、(五)義務責任の感あるもの。

(三)注意作用は發達する。

子供の間は主として客觀的の刺戟によつて無意的に注意するが、次第に發達して、有意的に一定の事物に注意したり、永くそれを持續したりすることの出來るやうになる。精神力の薄弱なものはこれが大人になつても出來ないといふ特色がある。此の注意が一定のものに繼續的に集注せられる場合に興味と稱するのである。

兒童の想像活動

想像は過去の經驗を、聯想作用によつて、未來又は未知或は架空の事柄に關係させて再現せしめるものである。

(一)兒童生活と想像。

兒童は或る意味に於て想像の世界に生きて居るものといつても過言ではない。お話しを聞いても、いろ〳〵の物を見ても、それを想像作用によつて事實化し現實化して享樂することが出來る。此の兒童の想像生活を重視する教育は藝術教育を以て最とせねばならぬが、尙其の他の點についても兒童の想像作用に訴へ、其の滿足と發達とを希圖する努力は幾らもある。

(二)想像作用の發達。

想像作用も亦發達する。初めは受動的想像・直觀的想像・架空的想像・再生的想像が自然に現はれるけれども、漸次能動的想像・結合的想像・合理的想像・構成的想像などが出來るやうになるものである。私どもの指導でも此の發達の方向に則らねばならぬ。

(三)各種の想像を發達させねばならぬ。

想像は對象より見て科學的、藝術的ともなり、道德的ともなり、又宗教的ともなり、經濟的ともなると思ふ。つまり價値の各方向に想像を働かせることが出來る。科學的想像によつて、認識は進歩し、發明發見をなし、理解を助ける。藝術的想像によつて、鑑賞・創作の態度が成長し、道德的想像によつては道德的理想が掲げられ、宗教的想像によつて、全知全能の神を信仰することが出來る。經濟的想像によつて、意匠・考案・企業の發達は望まれるものであらう。學習は此の想像作用なくては不可能であると共に、學習によつて又かゝる多方面の想像作用を練磨せねばならぬと思ふ。

兒童の思考作用

兒童も何等かの形式で思考することは言ふまでもないが、最初は極めて幼稚な程度である。思考作用には(甲)概念、(乙)判斷、(丙)推理の三種の形式があるが、その何れも能動的有意的關聯作用たる十分の思考作用を營むことはむづかしい。

概念作用は、(一)比較、(二)抽象、(三)綜合、(四)命名の段階を踏むべきものであるけれども、これは小學兒童には尙完全に求められないことである。從つて兒童には定義とか、分類などいふやうなことも嚴密には困難である。

判斷作用は概念相互の關係を立つるものであるから、尙概念が不完全な時代に完全な判斷を求め難いのも當然である。判斷は經驗を積み、學習の結果概念が次第に確實となり、それに從つて發達するものである。

推理作用は已知の判斷より未知の判斷を推定するものである。(甲)一般の原則より特殊の場合を推定する演繹推理と、個々の特殊場合より一般の原則を推定する歸納推理とがあつて、これは小學校の兒童では其の發達に先後はないと思はれる。相俟つて確實なる思考活動をなし得るやう指導せねばならぬ。それには單に言葉の上での經驗でなく、大いに實地實物についての直接經驗を多からしめる必要がある。

兒童の感情

一、感情の種類

- 感情
  - 簡單感情
  - 複合感情
    - 簡單なる複合感情
      - 對象感情
      - 美的複合感情
    - 情緒
    - 情操

二、兒童の情緒

情緒には利己的情緒卽ち(一)恐怖の情、(二)憤怒の情、(三)活動又は權力の情と、利他的情緒卽ち(一)愛情、(二)同情があるが、兒童に於ては利己的情緒が著しく現はれるものである。けれども日常の啓培によつて弱い利他的情緒も自ら發現するものであるから、私どもは努めて其の發現の機會を捉へるやうにせねばならぬ。

三、兒童の情操

感情の中でも情操の發現するのはよほど發達の後でなければならぬから、兒童期を通じて見れば情緒の發現の時代であつて、未だ高尙なる情操の十分なる發現を望むことは出來ない。

情操には(一)論理的情操、(二)道德的情操、(三)宗敎的情操、(四)審美的情操の種類があつて、何れも價値追求の生活に於ては極めて大切なものである。敎育は努めて此等の情操を自然的に、豐富に、純眞に、培いたいものである。一體に今日の學校生活は此等の情操の發達には適當な畑とはなつてゐない。知育に偏し、學級を一つの競爭場裡化してゐるため暖い此等の感情の中で生活し、自ら其の感情を養ふやうな環境とはなつてゐないが、私どもの學級經營は、此の點について最も反省し、且つ工夫せねばならない。すべて兒童の感情は、大人の感情生活を見、其の中に生活することによつて發育するものである。生活環境の純化、情化、美化、善化は感情敎育の大切な條件となる。感情は口舌の說明によつて養ふべきものでない。

兒童の意志

兒童は大體衝動運動の時代であつて、有意的意志運動や、思慮的意志運動をなし、或は已に習慣的行動となつてゐるものではない。故に一面に於ては兒童の衝動運動を適度に整理させるやうにして、有意的な、思慮的な運動に導き、一面には行動の習慣化を圖つて品性の確立するやうに努めねばならぬ。而して意志には病的なものも居る。例へば(一)努力不完全のものや、(二)抑制不能のもの、(三)病的衝動のものなどがあるから、學校生活殊に訓練上に注意を要する場合が多い。

兒童の自我の發見、發展

兒童期の最初には殆んど自我の意識は認められない。しかし二・三歳頃になると、自分の身體といふものに自我を發見することになる。それからは、影をうつすもの、言葉を發するもの、所有するもの、欲望するものについて自我を發見し、自分の影、自分のことば、自分の玩具、自分の欲しい物といふ意識が判然となつて行く。次第に知識が進み、經驗が豐富になると、自我は時分的には過去・現在・未來に亘つて發展し、空間的には身のまはりから家、鄕土、日本、世界に亘つて擴張し、永遠にいいしていい宇宙間のいい存在といいしてのいい自我をも發見するに至るものである。自我が次第に發展することは、其の人格內容の發展を意味するものであつて、子供の時代は自我的な、狹小な現實的な自我に止るけれどもそのまゝで放任することは出來ない。大人でも教育がなく、修養の足らぬものは、いつまでも尙此の域に止つてゐる氣の毒な人も居るのである。私の學級經營は此の人格、內容の發展と一致する自我の擴充を最高の目標とするものである。

自分といふ意識が、判斷の際明かに働くのは何歲頃かといふに、我が校での或る調査の結果によれば尋常五年から少しく現はれ、尋常六年に至つてよほど其の意識がはつきりして來る。中學になるとすべての判斷を自己の立場から下すといふ傾向が最も明瞭に摑まれたのである。此の自我意識が學級生活の中に如何に發展して行くか、學級といふ一つの大きな自我の中に、個人の自我を如何に伸展せしめて行くかは、學級經營の細心の注意を要するところであつて、學習の指導に於ても、訓練についても、たえず指導の努力をゆるめてはならない點である。

第九章　教科及教科書と教材研究

第一節　教科

一、教科

我が國の現行制度では、尋常小學校は六ヶ年、高等小學校は二ヶ年の修業年限であるが(高等小學校は三ヶ年となすことが出來る)此の年限の間にどんな教科教材を以て陶治するかは、教育の內容上極めて重要なことである。小學校では一定の教科を定めて、系統ある知識技能の教育をなすことになつてゐる。如何なる教科目を以て最も適當となすかは、時代により、又國により一定しないことであつて、教科目の變遷は、明治大正以後に於ても相當複雜なものであつた。

我が國の現行制度では、教科目の選定は國家自ら之をなすことになつてゐる。卽ち國家は(一)教育上の原理と(二)國家自身の立場から、大體全國に向つて、劃一的に

之を强制してゐる。卽ち

甲　尋常小學校

A　必設教科　修身・國語・算術・國史・地理・理科・圖畫・唱歌・體操・裁縫(女)の十一科目、

B　選擇加設教科　手工(土地の狀況により加へることが出來る)

乙　高等小學校

A　必設教科　修身・國語・算術・國史・地理・理科・圖畫・手工・唱歌・體操・實業・家事・裁縫(女)の十三科目、

B　選擇加設教科　外國語・其の他

備考

一、選擇加設教科たる外國語其の他は、隨意科となすことが出來る。

二、第三學年の圖畫唱歌も同樣である。

三、手工は實業に於て工業を學習する兒童には課さないでもよい。

四、實業の科目をおいた場合は、其の中の一科目を選擇させる。

五、實業科は文部大臣の定むるところによつて、隨意科目となすことも出來る。

二、教科の加除

必設教科以外の教科は加除することが出來るが、それは學校に勝手にすることは出來ない。小學校の管理者(官公立)又は設立者(私立)に於て、監督官廳たる府縣知事の認可を受けなければならぬ。

三、學習缺除の自由

たとへ必設教科と雖も、兒童身體の狀況に依つては、之が學習に困難であつたり、不可能であつたりするやうな場合には、その兒童に限り、その若干の教科の學習を強制せずとも、小學校の課程を修了せしむることが出來るのである。例へば身體の不具な兒童に體操を學習させないとか、發聲機官の故障あるものに、唱歌科の學習を缺除させることが出來、修業卒業には差支ないのである。之は言ふまでもなく、國民義務教育の性質上、一二の教科の學習の爲めに全體の學習を犠牲にすることは、兒童の爲めにも、又國家自身の爲めにば得策でないからである。

四、教科の內容、程度、教授時數

上述の如く小學校の修業年限を定め、次に教科を定めた以上は、その教科を各學年に配當し、每週教授時數を定め、更にその內容・程度をも定めてゐるのは、國民義務教育の本旨を徹底せしめる上に必要なことである。十數の教科目について輕重を認めるか否かは、日々の學習や、成績考査の上にも重要な關係を持つものであるが、教科の輕重は、大體に於て每週教授時數の多少がそれを表示してゐるものといふことが出來やう。故に每週教授時數を定めることば、亦頗る重要な問題である。學級經營に於ては、此の本旨を十分體得して居らねばならぬ。今日その方針とも見るべき事次を擧げるならば、

1、國民としての教養上必要な教科に時間を多く與へる。例へば修身・國語・國史・地理等、

2.他の學習の基礎となる教科に時間を多く與へる。例へは國語・算術等。
3.日常生活に關係深い教科にも時間を多くする。例へば國語・算術・理科地理等
4.身體の發育に必要な教科にも時間を多く與へる。例へば體操の如き。
5.高學年には、實生活に有用な內容を多くする。
6.一般に兒童心意の發達程度を顧慮して教科教材を加減する。

次に教授時數といふのは每週について配當せられてゐるが、其の時數の意味は必ずしも一時間六十分といふわけではない。然らば五分とか十分とかの短い一單元にしても、やはり所謂教授時數としての單位にするかといへば、それは不都合といはねばならぬ。通常一時間六十分中正味の授業を或は五十分とするもの或は四十五分とするもの或は四十分とするものがあるが、五十分か、四十五分かを適當とする。若し四十分とするならば低學年は別として現在の教材內容を十分に取扱ふことは出來ない。教授能率上からいへば四十分でも四十五分でも殆んど異らない效果を擧げ得るが、しかも高學年になると時間の長短が教授效果を左右

する場合が多く、僅か五分宛の差でも、何年間かの間には相當の開きを生ずる。若し四十分を以て通すとすれば、今日多くの地方でやりかけてゐる方法の如く、一日五時限のところを六時限に區切りするやうにならなければ不足を生ずると思ふ。要するに毎週教授時間といふのは、嚴密に之を分數で現すことが出來ないので、其の教材内容を十分に取扱ひ得るや否やの實際方面から考察せねばならぬ。

五、教科課程表

以上の方針を具體化したものが教科課程表であつて、教授學上で謂ふ教。科。案。が即ちそれである。而して之は全國共通であるから、學級經營者の十分承知して置かねばならぬことである。教科課程表は尋常小學校は第四號表、高等小學校は卒業年限二ケ年の場合が第五號表同三ケ年の場合が第六號表となつてゐる。

第二節　教科書

一、教科課程表は教材の大綱を概示したものに過ぎない。そこで國民教育の趣旨を貫徹する爲めには、更にそれを具體化したものがなければならぬ。 教科課程表を具體化したものが教科用圖書である。

凡そ教育の實際的効果は其の人の學力、技術と、教育的の手腕、努力の如何によることが多いけれども、教科用圖書の良否も亦、直接其の効果を左右するものである。教科用圖書の內容は教師に依つて活用さるべきものであつて、決して教科書に支配されてはならない。 又教材は必ずしも教科書所載のものに限られてゐない。補充すべきものや、地方化すべきものがなければならぬが、しかし教材の基本となり、大部分を占むるものは敎科書の材料であるから、當局者は教科書の編纂について最善の努力を拂ふべきであるが、學級經營者は、無用の事に時間と努力とを費すことを避け、教科書を十分研究して、修正すべきは修正するが、適切な部分は、どしどし教科書を利用し、其の完全なる學習に向つて猛進せねばならぬ。

教科書の性質が上述の通りだとすると、先づ一教科の教科書を縦に研究して其の發展の情況を理解すること、及び學年によつてすべての教科書の內容を横に研究し、其の聯絡統一の有様を知ることが必要である。先づ此の二方面の研究が濟んだものには、教科書の批評も出來、又その補充・整理・修正も出來るといつてよい。學級經營者には自由自在な各教材の動的指導を爲し得る爲めに、先づ此の研究を必要とするものである。

二、我が國では明治三十六年以來小學校令の一部を改正して教科用圖書を國定とし、文部省に於て著作權を有するものを使用せしめることになつてゐる。所謂國定教科書がそれである。

三、國定教科書は(一)國民思想を統一し、(二)各教科の內容に連絡を附し、(三)代價を低廉ならしめるの長所を有するけれども、又反對に(一)自由競爭による教科書の改善を妨げ、(二)各地方の特殊の情況に合致せしむる能はざるの欠點がある。だから文部省でも此の欠點を補はん爲めに、學科によつては二三種の教科書を編纂してゐるものもある。

四、現行制度によると、文部省に圖書局を置き、教科書の編纂審査の爲めに圖書監修官を置き、又別に教科書調査會を設け、小學校の修身・國史・及國語の教科用圖書を調査審議せしめ、並に文部大臣の諮詢に應じて、其の他の教科用圖書に關する事項を調査せしめてゐる。

今小學校の教科書を現在の制度の上から別つと次のやうになる。

甲、文部省に於て著作權を有するものにあらざれば採定することの出來ないもの、

(一)修身、(二)國語 (三)、(四)算術、(五)國史、(六)地理、(七)理科、(八)圖畫

修身の教科書は國民道德の涵養上最も重要であるから、帝國議會の建議に依つて率先して國定制度としたものである。國語・國史・地理はその後國定制度を採ることになつた。

(乙)文部省の著作又は文部大臣の檢定を經たる圖書につき府縣知事の檢定すべきもの

(一)農業 (二)商業 (三)英語 (四)體操 (五)裁縫 (六)手工 (七)唱歌(尋常小學第五學年以上)

(丙)兒童用教科書を全然採用することを得ざるもの

(一)體操　(二)裁縫　(三)手工　(四)唱歌(尋常小學第四學年以下)

(丁)學校長に於て兒童に使用せしめざることを得るもの

(一)國語書方手本　(二)兒童用算術書　(三)兒童用理科書　(四)同家事教科書　(五)圖畫手本　(六)小學地理附圖

(戊)國定教師用書の刊行せられてゐるもの

(一)修身　(二)國史　(三)算術　(四)理科　(五)家事　(六)圖畫

五、外國では多くは檢定制度即ち政府の檢定したものについて、自由に選擇せしむるの制度を採つてゐる。國定制度を採つてゐるのは、只オーストラリヤ一國のみである。米國では州によつて其の規定が一樣でなく、西部諸州では州で教科書を一定してゐるところが多い。

尙教科書を變更した場合に、最下學年の兒童から用ひしめ他の兒童は從來のものを襲用せしめるのが原則である。

第五節　教材研究

一、教材研究の傾向

教育は如何に人格と人格との接觸だとはいつても、その人格的活動の内容には、文化財を內藏しなければならぬ。文化財を人格活動を通して兒童生徒の精神的資料となすものが即ち教材である。教材は諸多の文化財の中、教育的に整理したものであつて、教育活動に於て極めて重要なものとなることは今更いふまでもない。

然るに輓近教材といふ立場から見て、相反する二つの傾向があるといふことが出來る。

一は教材の過重的傾向とでもいふべきものであつて、教育は教材にさへ精通して居れば出來るといふやうに考へられてゐることである。或る學科の研究に於て特殊の長所を持ち、優れた知識を小學校の教師中にも見出すことの出來るのは、如何にも力強い感じがするけれども、教育をそれのみで以て完全に遂行しようとする態度、つまり教材に精通してゐることが教育者の第一の要件であるといつたやうな考へ方は、往々にして教材に囚はれた教育となり、知能の教授一天張りの學校となる弊がある。殊に技能教科を受持つ教師、専問的技術を持たねばならぬ教師いはゞ専科の教師に對する考へ方は、其の道の堪能さの度合によつて、直に教師としての價値を定めることになり易いが、これも程度を考へねばならぬものである。二は教材の系統的研究を蔑視する傾向であつて、教育の本質を人格と人格との接觸だと考へ、その人格活動の內容を教材を離れた空疎なものと考へる淺薄な教育觀の誤りから生ずる場合が多く、又一面には教育の心理的基礎を過信して他に論理的基礎のあることを忘れ、ついそれから教材について系統的に組織的に、基本的に修養することを嫌ひ、それを怠ることになる弊がある。

要するに前者は教材に過大の地位を與へるが、後者になると教材を輕視するといふやうになる。以上は何れも其の正當な態度といふことが出來ない。教材の研究は、教育の本質が目瞭になればなるほど、益々重要なものとなるわけである。

二、材の範圍

教材といへば、單に教科書記載の事項といふやうに限定的に考へられる傾があるが、固より教材の中堅となり、且つ大部分のものは教科書のものであるけれども、教材はもつと廣汎な立場から研究せねばならぬ。教科書だけを研究してゐては、眞に教科書の教材の位置はわかるものでない。殊に教材を地方化すべき必要があり、又教育は生活の、全範圍に亘らねばならぬやうに考へられる今日では、教科書を達觀して研究するといふ態度でなければならぬ。しかし教科書の教材さへ滿足に研究し得ないで、空漠たる枝葉の教材に走ることは愼むべきものである。

三、教材研究の意味・內容

小學校の教材は、大體教科別に別つて考へるのが最も適切である。即ち各科の教材といふものが、小學校での教材に外ならぬ。各科の中でも其の性質上から見ると、所謂基本教科としての修身・國語・算術があり、實科と稱せられる國史・地理・理科があり、技能教科に屬する手工・圖畫・書方・體操・唱歌・裁縫・等がある。尙職業科とか實業科など稱せられる農業・工業・商業がある。その各教科の性質に應じて、研究の意味もやゝ異らなければならぬ。

一、修、身、科、の、教、材、

修身科の教材研究としては德目の研究があり例話の研究があり、格言や、作法の研究がある。このごろは特に修身書の教材の外に、適當な補充例話の研究といふ方面が研究の中心となりつゝあるといつてよい。修身科の教材の中でも例へば作法の如く、半ば技術的の練習をせねばならぬ部分もあるが、大體に於ては道德そのものゝ研究が主とならねばならぬ。最も低學年の子供などに對しては、殊に適切な例話の研究が必要となるのであるが、單に修身書の例話などの教材を詮議して、その教材を取扱ふことが修身教授の中心であるかのやうに思つたら、それは教材に囚へられたものである。私は修身の教材研究としては、

1、我が國民道德の特質を研究すること。

2.社會の進運に伴ひ文化の發展に從つて新道德の形成せられる事情をしつかり摑むこと。

3.道德と他の文化例へば經濟・科學・宗教・藝術・法律・政治等の關係について廣い立場から研究すること。

以上の點を堅實に摑み得て舊になづまず新をてらはず正しい道德生活をなすことの出來るやうな道德觀を確立する爲めの研究であつて欲しいのである。

(二)國語科及算術科

此の二つの教科は小學校教材の中堅となるばかりでなく普通陶冶の立場から見ても又職業的實業的陶冶の側から見ても共に基本となる教科である。從來此等の教科が基本教科として古今東西の教育史上に重要せられてゐる事實は最も雄辨に此の教科の價値を語つてゐると思ふ。

そこで此の教材は何れも廣汎なものである。殊に國語の教材になると最も多種多樣なものになる。

國語の敎材研究には、(甲)形式方面と、(乙)實質方面の二つから考へねばならない。

(甲)形式方面の研究は、言語・文字・文章の三つの方面に細別せられるか、正しい語法、方言訛音の研究、正確な文字、その讀方假名遣ひ、熟語殊に時代語、畧字、常用漢字の研究、文法・修辭の研究等は、國語を敎授するものゝ必ず研究せねばならぬことである。よく近頃の若いものは、うその文字や、當て字を書いて困るといはれる。又文字を書くことが粗末だとの苦情も聞く、敎案に誤字脫字が澤山あつたり、甚しきは敎師の板書にさうしたことがあることを指摘せられることがある。又敎師の言語そのものは、最も生きた國語の力となつて兒童の前に現はれるものであるが、その中に方言があり、訛音があり、野卑なことばがあり、語法上如何はしいものがあつては、全體の國語敎授が滅殺せられることはいふまでもない。

(乙)內容的方面の研究には藝術的作品としての立場、殊に鑑賞の方面から國語敎材を觀ることの傾向が著しくなつてゐる。　これは國語敎育の本質から結構なことであるけれども、國語の持つ精神的な力、具體的にいへば、愛國的精神の含蓄せられた方面を忘れることは出來ない。次に國語の教材の實質は國語讀本の編纂趣意書にもある通り、頗る多方面に亙つて研究されねばならぬ。或る一部分のみの精査であつては、國語教育の全的な指導は望まれない。

算術科も近時算術といふよりは、數學といふ廣い立場の下に教材を取扱ふべき傾向であるから、單に計算法や、四則應用問題の解法に熟するのみでは固より十分でない。數學の各分科に亙つて、代數、幾何、三角、微積分の初歩位までは、お互に研究すべき必要がある。それでないと兒童數學の建設も、有效なる數量生活の指導も望まれないのである。算術科では

1、右に述べたやうな數學の各分科の初歩を一通り研究する上。

2、自ら度量衡の實測に習熟すること。

3、日常の物價に注意すること。

4、算術教材の內容殊に各種の法制慣例に精通する。

5、ソロバンの研究をなすこと。

以上のやうな各方面に注意し研究調査をせねばならぬ。

三、國史・地理・理科

これは三科共最も知識そのものを必要とする教科であるから、從つて所謂教材研究の必要の最も強いものである。修身や、國語算術、であれば、教師の常識的なもので十分間に合ふこともあるが、國史や地理や理科になると、時々刻々の時勢の進運に伴ふ教材に、平素注意して研究して居ないと、小學校の小供だからといつて、中々十分な指導は出來るものではない。以上三科によつて其の研究の情態も一樣ではないが、

國史についていへば、

1、我が國史の特色を十分つかむこと。

2、それには對外的に研究する必要がある。「對外日本史」でなければ本當の我が國史はわからぬ。又國史上の美談をよく研究することも必要である。

3、正史と共に側面史、裏面史の研究も必要である。むしろ國史研究の興味はそこ

から湧くものである。

4、我が郷土の史實について研究調査を怠らぬこと。

地理についていへば、

1、我が國土・國勢の現狀を摑むと共に、その發展の趨向を各方面から會得すること。

2、地文と人文との孤立的な地理學の研究でなく、有機的な關係を研究すること。

3、郷土の地理的事實、殊に產業方面の研究を怠らぬこと。

理科については

1、天文・地文・物理・化學・博物・人身生理等可なり廣汎な教材であるから、其の原理を一通り研究するのでも容易でない。

2、以上の諸科學の利用的方面を十分研究すること。

3、郷土の理科的諸現象及自然物についての調査研究を怠つてはならぬ。

4、理科では殊に最近科學の進步について、時勢後れをしないやう努めねばならぬ。

(四)技能科

所謂技能科の教材研究の意味は、以上述へたやうなものとは、餘程趣を異にする。つまり技能について研磨することと、技能そのものを堪能ならしめることが技能科での教材研究でなければならぬ。例へば手工や圖畫の教材研究は、手工や圖畫の實習によつて、手工圖畫に堪能になることが、何より大切なことは言ふまでもない。けれども技能科でも次のやうな方面の研究が又必要である。

1、鑑賞批評の力を修得することが一つ。

2、廣く諸外國のものと對照して、我が國に於けるこれ等技能科の本質をつかむことである。彼の書方などては此の用意が極めて肝要であるといはねばならぬ。

(五)實業科(職業科)

工業商業農業の三科は所謂實業科と稱せられるだけに、實際の職業との交渉が最も深いものである。又知識と共に、半ば技術に屬するものであるから、實習の方面が大切になる。從つてこれ等の教科では

1、其の職業の現在の狀態。

2、實業の基礎となる學術。
3、各實業の本質とその經濟的特色。
4、各實業に關する實際の技術。
4、鄕土の產業の現況、並に將來の趨向。
等についての徹底した考へと、その知識及技能についての研究が望ましい。
六、基礎的教材と、應用的教材、固定教材と移動教材
教材の中に該科の基礎となるものと、應用となるものとがあることは言ふまでもない、小學校の教材は、一面には基礎中の基礎たる教材を取扱ふものであるが、同時に又應用された教材をとつて取扱ひ、それによつて原理原則を學ばせるものがある。これは教材の選擇方法如何にもよるが、その兩方面のある事は忘れることが出來ない。私どもは、師範學校に於ては、主として基礎的教材について學んだけれども、小學校の教材を取扱ふ場合には、むしろその應用的方面の研究を必要と感ずるものである。現今兒童の心理的傾向を尊重し、教材の系統的研究よりも、むし

ろ其の生活化されたものに直面しようとする狀態から見るならば、日常生活は殆んど應用的のものであるから、私どもの日常の研究も此の應用的方面――生活に卽しての研究を大いにやらねばならない。

次に教材の中には比較的固定して動かぬものと、時々刻々に變動するものとがあることも言ふまでもない。中等學校などで數學の教師や、國漢文の教師などの中には、毎年同じことを十年一日の如く講義して濟まして居られるのは、學問の性質がそれでも大して不都合を生じないからである。歷史などもやゝそれに近いけれども、地理とか化學とか物理法制經濟とかの學問になると、日に新になり刻々と變動する部分に注意を怠ることを許さないのである。小學校でも此の點は大體同樣に考へることが出來るので、教科の中には、非常に教材の變動するものがあるが、――例へば地理と理科の如く、――又これに反して國史・算術・國語などは、餘り教材の變動はない。教科書でも改正されるか、修正されないと、教材は大體固定してゐるから、一度教科書について研究して、詳細に記入して置くと、いつでも教科書一つで補缺授業が出來るようである。教材中の異動するものは、新聞や雜誌をよく眼を通したり、年鑑などによつて、現行のもの、最近の數字などを常に用意するやうにせねばならぬ。實地實物について調査することは、最も確實有効な教材の研究方法である。

新教材の研究に如何に天下の教育者が努力してゐるかは、私のところで每學年始に出す「新教材の研究號」がよく需要されるのでも察知せられる。

七、教材の全的研究と特殊的研究の調和、

小學校の教材位といつても、十數科の教科によく精通し、運用自在になり、如何なる場合にも滯りなく教授し得ることは、決して容易なことではない。小學校の先生は八百屋だと評せられる位、多種多樣な教科に通ぜねばならぬ。中學女學校の教師などは、此の點から見ると餘りに樂すぎる。僅か一科やそこらの學科に、而も中等學校の程度の教授に必要な知識技能の修養に對し、其の擔任時間との關係などを考慮するならば、確かに小學校の教師の方が負擔が重い。專門的の研究は比較的に骨が折れないと思ふが、雜多の事に關して、而も何れについても相當の研究をなすといふことは決して容易なことではない。今日の小學校教師は、一面餘りに多樣の雜務を負ばされてゐる上に、更にそれ〲の立場からの專門的な修養研究を課せられる。中等學校位でさへ、その一科目の教師から見ては、小學校の教師は何にも知らぬもの丶やうに考へられてゐる。如何にも中學教師の專門的な知識技能と、小學校教師のその方面だけについての知識技能について比較するならば、殘念ながら、小學校教師に遜色があらう。しかし、小學校教師の知識技能の全量を以て言ふならば、必ずしも小學校の教師が中等學校の教師に劣るものではない。否劣つてよいわけはないのである。今日の小學校教材を遺憾なく取扱ひ得るには、大體今日の高等師範學校卒業程度の知識技能を要するものと思ふ。私どもは少くとも其の意氣を以て各方面の研究に猛進せねばならぬ。

而して教材に精通し、堪能になるといふ事は、單に教師の職務上望ましいばかりでなく、職務を離れた人としての生活を完うする上にも必要な事であるといへやう。

ところが教材の研究といふことは、實は限りもないことである。一教科一分科の研究に沒頭して居る大學の教授でさへ、中々十分な研究は出來るものではない。そこで小學校の教材をすべて平等に深く研究するといふことは、望ましいことには相違ないが、事實は不可能であるといはねばならぬ。教材の全的な研究も畢竟或る程度までの事である。それ以上はやはり特殊の教材の研究に深く突き進む覺悟がなければならぬ。國語に趣味を持ち、研究の希望あるものは、一通りの全的修養研究の上には、その特殊的研究に志すがよい。算術に得意で、趣味を抱くものはやはり算術で大いに旗を擧げるがよい。修身でも國史でも地理でも理科でも同樣である。技能科でも同樣である。しかしそこには從來の專科的な教師のよく陷つたやうなことは最も愼さねばならぬ。同時に亦各科孤立の如き下らぬ考へを打破せねばならぬ。小學校の各教科は、すべて必要であり教育的價値があるからこそ設けられてゐるものであるから、一個の狹隘な、偏頗な考へから、他の教科を彼是れといふべきものではない。只自分は自分の個性に卽して特色ある研究をなし、それを以て自己も滿足し、兒童にも稗益すれば結構である。

八、教材の觀方に注意せよ。

最初にいつた樣に教材として採られた文化財といふものは、專門家の學術的研究の對象として採れるものとは、たとへ同一のものであつても其の觀方が異り、其の意味が違ふのである。例へば國史の教材について考へるならば、純然たる科學としての史學で取扱ふ材料は、あくまで科學の對象として取扱はれるのであるから、眞僞の一天張りで究明せられるであらう。しかし教育の材料、殊に國民教育の材料として之を研究する場合には、そこに教育的な考察が加へられねばならぬのである。又教材として採られた材料といふのは、科學の一部分であり、斷片的のものに過ぎない。從つて教材の研究としては、學術上では興味があり、且つ缺くべからざる重要な部分であつても、教育的に必要のないものであるならば、教材としては取扱ふ必要がないことになる、そこで教材を研究したからとて、やたらにそれを科學的の立場から振り廻すことは大いに愼まねばならぬことである。

第十章　學級經營の方針

第一節　學級經營

一旦學級の擔任を委された以上、私どもは出來るだけその成績の擧るやうに、內容の充實するやうに、いろ〳〵工夫と努力をせねばならぬが、幸にして近時此の教師の自發的態度が著しく現はれて來たことはお互に喜ばしいことである。

そこで、一體學級經營といふことはどうすることであるか？　學級は上述の如きものである。教師と多數兒童から成る目的的、組織的集團であるとすれば、如何にして其の教育の効果を上達させるかといふことについての工夫もさま〴〵あるに相違ない。學級經營とは、學級の性質をよく辨へて、その學校の事情に即して自分の受持つた兒童の一人々々の成績も、又學級といふ集團生活をも全體的に上達せしめる上の工夫と努力であるといふことが出來る。であるから學級經營は、

(一)學級といふものゝ一般的、且つ具體的な性質をよく理解することが第一
(二)そしてその學校の事情に適合するやうな方法で、
(三)自分の受持つた兒童の一人々々の成績を擧げると同時に、學級といふ一つの集團としての生活をも全的により高めることが内容となり、
(四)その爲めの教育的な工夫と努力である、といつてよい。

第二節　經營の一般方針

學級經營といふことを私は右の樣に考へてゐる。そこで次にはその經營の方針を確立したいと思ふ。尤も經營の方針といふものは、特定の學級について初めて明言し得られるものであるけれども、一般的な方針は豫め立て得るものであるから今はその程度に止めることにする。

一、善良有爲な日本人であり、鄕土人たらしめる

私どもの教育は、日本の教育であり、日本人の教育であることは餘りに自明なことであるが、往々にしてこの自明の眞理が忘却せられることがある。日本の現代生活にはいつて、意義ある生活を爲し得るやう兒童を教育するのが私どもの職責であるから、兒童をして善良な品性、人格と共に有爲な人物、働きのある人間たらしめるやうにせねばならぬ。此の大眼目を逸しては學級經營は魂のない仕事に終るであらう。

而して善良有爲の日本人は、大體郷土人として、郷土の生活に意義を發揮するものでなければならぬ。只今日では單に郷土に留つて生活するのみが日本人の心掛として感心なものではないから、大いに他郷に雄飛して發展することが考へられるけれども、それはそれとして亦大いに意義あることであるから、一向に差支へないが、原則としては先づ郷土人としての善良有爲な人たらしめようとするものである。

二、兒童の全生活を指導する

曩にも述べた通り、學級個性を發揮するやうにしたいものであるけれども、それは例へば單に兒童を教科の學習にのみに成績を擧げさせようとか、もつと極端にいへば國語とか、算術とか、體操とかいつたやうな特別の一つ二つの教料の成績を擧げて、それで名を擧げ世間に評判を得ようとするのであれば、其の動機が不純であるばかりでなく、其の偏頗な努力であつて、それは本當の成績の擧つたといふべきものではない。小學校時代から片輪な人間を作つてはならない。尤も學級經營上、其の努力の順序について、先後を附けて、先づ何事からやらうといふのであれば、それは手段としては一應止むを得ないことであるが、それで以て經營が終了したと考へたり、完成したと考へるならば、それは全く誤解である。人間が全的のものであると同樣、學級經營も亦全的でなければならぬ。それには兒童の全生活を指導して、その生活を高めるやうにせねばならぬと思ふ。

元來兒童には毎朝學校に出て、四五の教科を學んで歸るものだといふやうに考へさせてはならぬ。學校で學習した教材・知識・觀念も大切であるが、同時に級友と生活する間に受ける樣々の體驗が貴重なものである。故に一人々々の座席のみが、一人々々の生活の場所ではなくて、教室そのものが全員の生活の場所であると考へさせねばならない。

三、自學自治の尊重と共に指導を怠らぬやう

兒童の自發的態度に基いて、學習については自學的に、訓練については自治的に兒童を取扱ひたい。兒童を中心として教育の仕事を進めて行きたい。すべては兒童の上に建設したいといふ希望は私も相當に持つてゐるけれども、それは決して教師の指導を無用視する意味が伴つて居つたり、或は教師の教育的努力を輕視するやうな内容を持つものであるならば、私は斷乎として贊成することが出來ないものである。兒童中心の教育觀は結構である。兒童の自治し得る事について、成る

べく自學させることも極めて大切なことである。子供の自ら爲し得る事について、成るべく子供自ら解決させ始末させる訓練は亦最も大切なことである。けれどもそれには可能の限界があることを忘れてならぬ。だから唯一最高の原理としては小學校では許すべきものでない。學習にも訓練にも、あらゆる生活について教師の適切な指導を忽にしないやうにしたいと思ふ。

四、教兒の協同經營こしたい

從來の學級經營には教師のみの意氣込みが強く、自然教師と兒童との直接關係についての工夫なり努力なりが多過ぎたかのやうに思はれる。けれども小學校でも次第に高學年になるにつれて、教師の進まうとする道、並に方向について、兒童にもよく理解させて、教師と兒童とが協同して自分たちの學級を立派にしよう、みんな立派な成績に上達させようといふ心持が、最も重要な氣分となるのではないかと思ふ。

次に圖示するやうに、教師は學級內の各兒童と目的を同一にし、其の道途を共にするやうでなければならぬ。

更に又學級內の各兒童は孤立することなく、兒童相互にも理解があり、親しみがあり、奉仕があり、而も其中に互に砌磋琢磨するフェーヤプレーがなければならぬ。兒童相互の間が互に狼になつてはならないと共に、又機械的の結合に終つてはならぬ。所詮吾等の學級は教師の先導により、全兒童の共同理解と提携とによつてすべての生活を高むべきものであるといふ氣持ちになることが最大の要件ではないかと思ふ。

五、個人的性能は團體教育の長所と共に發揮させたい

各個人の獨自性は、

第一、知能 }
第二、性格 } 精神
第三、身體

の三方面に於て認められるものである。 此等の個人的性能の相違は、教育の出發點として十分の調査を必要とし、教育中常に其の特異性に適應して指導されねばならぬは勿論、更に其の目的としても、各自の個人的性格が十分發揮され、完成されるやうにすることは、私どもの不斷忘れることが出來ないことである。 かくてこそ個人としての獨自性が、所謂眞の個性となつて次第に價値化され、其の個性を以て、個人的にも、又社會的にも意義ある生活をなし得るものである、最近文部省の個性尊重に關する訓令は此の意味に於て大切なことである。

けれども學級教育は一面團體教育であるから、個性の發揮も畢竟團體生活に於て十分に個性を發揮し、社會の中に個人を發見すべきものでなければならぬ。 單なる個人々々の孤立的な特異性の無制限な發揮であるならば、それは必ずしも好ましいことではなく、それは其の個人に取つても、社會に取つても理想的な現象ではないと思ふ。

但し低能兒や低格兒の教育、殊に感化教育の如きものになると、最も個別的取扱に依らねば其の成績は擧るものでない。

六、郷土の事情、學校經濟の貧富、兒童の素質、の如何に應じた方法をとること

教育には理想があると共に、實際的な各種の條件を伴ふ特殊的の事情がある。學級經營も全然同様であつて、教育學上の理想は、ああもしたいかうもしたいと考へて見ても、單に教育學上の理想のみでは解決の出來ない實際的事情が多い。第一にその郷土の事情に即しない學級經營は、理想的でないばかりでなく、それは經營が不可能になるものである。第二に學校經濟といふものも、それ〲の學校で大いに異るものである。他の學校でやつてゐることだといつて、直ちにそれが採

用されるものとは限らない。尤も多少の工夫さへすれば出來る事を經濟に籍口して工夫しないのであれば論外である。第三には兒童の素質である。特定の學級の兒童といふものには、敎師の力の及ばない事情の存する場合もある。又學年の高下や、性別によつても經營法は全然同一であつてはならない。

七、自分の敎育力を顧みる

最後に最も露骨な言ひ方であるがお互敎師の敎育力といふものを顧みざるを得ないのである。自分の力を知らずに案を立てるのは無謀である。卽ち敎育力といふのは、

(一)敎師の素養、學力、技能の程度、

(二)其の體質・體力、

(三)經驗の多少、

(四)敎育に對する興味と努力の程度、

（五）教育者としての形式的資格、等に適應した學級經營方法でなければならない。若しも教師自身に十分の定見がなく、自覺と學殖手腕が不十分であるならば、やはりその程度の學級經營に依る外はなからう。次に感化教育についての考慮すべき點を私どもの普通兒の學級經營の參考として掲げて見よう。

感化教育に於ける學級問題

○

現代に於ける個性尊重思想は、諸般の科學思想を柢根とするもので、從って一齊教授を主目的とする學級組織に對する、一種の反逆を意味するものである。近時多くの學者は、兒童の生活年齢と、生理年齢と、精神年齢との比較研究に、非常な努力を拂ひつゝあるが如きも、亦個人的差異の發見の賜であらう、極言すれば、例へば五百人の兒童が學校を卒業する場合には、それぞれ五百の相異つた課程があるべき道理である。

此の樣な立場より論ずれば、個人價値の尊重は、教育の始であり、又教育の終であらねばならぬ。しかしながら、一齊教授に於ても看過すべからざる重大なる利便が存するので、極端に一齊教授を排斥することは到底不可能である。教育の普及と其の實際的施設とは、常に一齊教授を示唆しつゝあるので、何等かの形式に於て、一齊教授が存立しなければならぬ。此に於て一齊教授と個別教授との調和を圖り、長短相補はしむるには、如何にすべきかといふことが多年の問題となつた。教育學者や、教育實際家は、學級組織に就いて、非常に苦辛しつゝある現狀であるのであつて、指を屈するに遑あらざるほど、多くの革新案が提供せられつゝある。

多くの世間に知られてゐる改革案を列擧すれば、セントルイス案、シーアラー案、サンタ・バルバラ同中心圓案、ケンブリッヂ案、ル・マルス案、ポートランド・オレゴン案、ノース・デンヴアー案、シヤロッテンブルグ案、分團教授案、マンハイム組織、ピユブロー組織、バダビア式組織、學科別式組織、交互組織、特別學級組織、バルチモーア案、フンボルト及ハミルトン案、クアダリー案、コンコード及バークレー案、長短進級案、ハーレン案、ペリー案、ニユートン案、其の他尙多くの案が工夫せられてゐる、

○

我が現行教育法令を一瞥すると、學級編制の根本要件と看做すべきものは（一）經濟的事情、（二）學年、（三）兒童の年齢、（四）性別、（五）教師の教育力などで、兒童の個人的差異の如きは殆ど閑却せられてゐる。個人的差異の發見、並に個性尊重、從つて個性利用の思潮は、從來の學級的編成に對し、又教育方法に關し、一大變改を加へねばならぬと確信するに至つた。……科學的管理組織と呼はるゝゲーリー組織の如き、近來英米二國に於て行はれつゝあるドルトン案の如き、プロゼクト・メソッドの如き、何れも個人價値尊重思想の流れである。

○

上記の如く學級の理想的組織は、與へられたる一團の兒童が、大體其の年齢を等しくし、又學校の作業に對する能力の略同一なることを主想としたものであつた。換言すれば從來の學級編制は、唯年齢を以て主要なる標準となし、僅に能力上の差異を認めたに過ぎなかつた。

○

こゝに於て吾人の學級組織の要點は、兒童を檢察することと在りと呼ばざるを得ない。過去の學級案に於て、兒童の年齡、男女別、經濟關係、學年別、教育力の分配が研究せられたる以上に、兒童の個性研究を爲すことが、より多く重大なる問題である。又個性の識別と同時に、特別なる學級組織、特別なる教育方法が必要である。

○

兒童の個性を明にするには、種々の方面より研究することが必要であらう。或は優生學的に、或は優境學的に、或は心理學的に、或は醫學的に、或は倫理學的に、其の他種々檢察すべきであらうが、就中精神異常者に就きては、少くとも三方面より研究しなければならぬ。

一は心理學的測定であり、

二は教育學的測定であり、

三は醫學的測定である、

精神異常者は、所謂低能者、低格者であつて、一は智力の低劣なるもの、一は情意の低劣なるものであつて、之を心理學的、教育學的に測定するのみならず、情意低格の解剖的、生理的、病理的原因及條件を發見しなければならぬ。醫學的測定の必要は、最早や何人も疑を容れざる所である。

○

以上述べたるが如く、普通教育の學級編制の論據には、主として教授上の理由と、經濟上の理由との二つありと考へることが出來るが、感化教育に於ては、此の二者に止らず、更に大いに訓練上の理由の存することを認めねばならぬ。單に年齡、男女、知能、經濟上の如何に係らず、宗教的、道德的、社會的、美的意識の發達程度、個性の稟賦、兒童と其の環境との關係、生物的關係、其の他種々の問題を考慮の中に措いて、然る後、學級の組織を了すべきである。獨・米・英・佛の補助學級などに於て、研究せられてゐるやうに、一學級人員の限度、教授時數の減少、科目の整理、直觀教授の尊重、手工教授の奬勵の如きとは、最もよく考慮せねばならぬ。之よりも必要なるは、感化教育と被教育者との間に於ける訓練關係であらうと思ふ。教育者の教授力の分配といふことよりも、教育力の分配、教育力、訓育力を受納する兒童の知能的、並に情意的態度及び其の關係といふことがより多く緊要であらうと思ふ。換言すれば感化教育者と兒童との精神的共鳴といふ事實が、學級編制の場合に最も考慮を要すべきことであらうと思ふ。固より學級編制の或る形式を無視することは出來ぬが、僅に教授並に經濟の立場より論定し來れる學級案には、無條件に賛成することは出來ぬ。場合に依れば、此の二者を超越したる神秘なる靈的關係の存することを認めねばならぬ。

○

以上の理由により、感化教育に於ける學級問題は、頗る重要なるものたることは明瞭である吾人は將來如何なる工夫を此の問題に就てとらすべきであらうかは簡言することは出來ぬが、個性尊重の原理をより多く認識する吾々感化教育者にとりては、最早や因襲の影に潜むべき時ではなからうと思ふ。(後略)(感化教育、第一號)

＊編集上の都合により、底本２１５～３０２頁は削除した。

第十五章　訓練の組織と其の指導

學級經營上、訓練といふ教育作用にどんな地位を與へるかといふことは、最近の學級經營の一つの特色を示すことになる。つまり學習といふ立場のみで學級を經營することも出來るであらう。それは學習といふものゝ内容如何によつては少しも差支へないことであるが、私の學級經營ではやはり學習を指導する方面に對立して、訓練の作用が必要であり、又身體に關する教育は、別に養護として獨立して考慮せねばならぬ部面があるといふやうに考へてゐるのである。而して學習の指導について簡單ながら上に述べたのであるから、次に訓練の組織と其の指導の實際について述ぶべき順序となつた。

然るに訓練についてはかうした見地の下に、已に昨年一書を著して置いた。題して「生活指導と訓練の新研究」といふのであるが、學級經營中の訓練の部に相當するものである。而して現代の學校訓練には、種々の方法が稱へられてゐるが、私は

生活に即した訓練組織を以て最も適切なものと信じ、學校生活の諸相を別つて、

一、學習。

二、作業。

三、自由時間(休憩)。

四、儀式會合。

五、其の他特別の場合。

とし、それ〴〵の生活を道德的に指導すべきものであると思ふ。

第十六章　養護と鍛錬

第一節　消極的と積極的

一、學校では敎授訓練の如き敎育的生活の中に、たえず兒童身體の發達に留意すると共に、更に、直接且つ獨立的に身體の健康を維持し進んで之を增進する方策を講ぜねばならぬ。養護體育と稱する敎育的作用は、やはり學級內に於ても常に敎授訓練と同樣に考慮せねばならぬ一部面である。從來此の方面の研究は、兎角從屬的になり勝ちであつた。これは敎育といへば精神的のものだ、知能を磨くことだといふやうな舊習に囚はれたからであると思ふが、養護體育は獨立的に極めて重要であるばかりでなく、敎授訓練の効果を收める條件や手段としても輕視すべからざるものである。

二、兒童の養護體育といつても、要するに兒童の身體の健康と疾病とに留意することに歸すると思ふ。健康は身體の感覺系統、神經系統、運動系統、榮養系統(消化、循環、呼吸、排泄)生殖系統、内分泌腺系統の各機能がよく調和し、外界の刺激に對する反應が適合してゐる狀態である。これに反し疾病といふのは、各機能が調和を失ひ、外部の刺戟に對して適合した反應を營み得ない狀態になつた場合である。疾病は素人にわかる場合もあれば、特別の診斷によらねばわからない場合もあつて、素人の生兵法は怪我の本ではあるけれども、お互教師は盛に活動しつゝある兒童を預つてゐるわけであるから、少くとも疾病の徵候について顯著な事項位は心得て置かねばならぬ。次に疾病の徵候を擧げて見よう。

(一)全身的徵候。

發熱、倦怠、無氣力、頭痛、關節痛等。

(二)局所的徵候。

1、眼――眼脂、結膜充血、眼瞼腫脹、視覺不良、眼痛等。

2、耳――耳漏、耳痛、耳鳴、聽覺不良等。

3、鼻——鼻汁、鼻出血、鼻閉、口呼吸等。

4、消化器——食慾不振、腹痛、胃重感、嘔吐、下痢、便秘等。

5、呼吸器——咳嗽、喀痰、胸痛、嗄聲、呼吸困難等。

6、循環器——心悸亢進、運動時呼吸困難、胸痛等。

7、神經系——頭痛、不眠、嗜眠、無氣力、異常興奮、恐怖、記憶減退、幻覺等。

8、皮　膚——發疹、脫毛、浮腫、變色等。

9、其の他——運動能力の減退、尿道頻數等。

三、成績のよくなかつたものが、耳疾や近眼の發見によつて、座席を變更して著しくよくなつたといふ例は屢々聞くことである。これ等の兒童は教師や親の注意によつて、不幸が取り去られることが出來たものであるけれども、遂に其の幸福を見ないで過すものがないでもない。又一面には家庭や學校でも適度の鍛錬を加へられないが爲めに、只大切にして害はないことにのみ苦心されたのでは、折角強壯に發達し得る身體も、其の天禀を伸ばし得ないで終るものがないでもあるまい。

兒童の天分に無理をしないと同時に、その天分を十分伸ばすことは、敎育のあらゆる方面に努力せねばならぬことである。

學校で兒童に身體的敎育を施す趣旨は、富士川博士によれば、

（第一）　身體の發達を促進すること。

（第二）　身體の健康及び抵抗力を增加し、殊に學校生活の不良影響を除くこと。

（第三）　伎巧及び熟練の敎育によりて、運動裝置の用を完全にすること。

（第四）　道德上の感作を致すこと。

の四つを擧げることになる。

第二節　學級衞生上の考慮

一、一般的注意

衞生上に關することは、學級のみでは如何とも爲し難い場合が多い。つまり學校校地校舍校具敎具等の設備に關係することが多いから、根本には校長に此の方

面の知識と見識を要求せねばならぬ。しかし、學校經營は學級の綜合であるから、學級擔任敎師の知識と見識とは、やがて學校經營の全體の上に反映するものであり、又全然學級擔任敎師の注意と工夫と努力とで出來ることも多いのであるから、左に其の大綱のみを列擧する。

(一)校地校舍。

(二)採光。

(三)換氣。

(四)中食、湯茶の供給。(辨當は暖めてやらねばならぬ)

(五)身體の清潔。

鏡を置くこと、手を洗ふ設備をその習慣を養ふこと。頭髮を結ぶとか、刈ることについての注意を加へること、ハンカチを持たせ、よく洗はせること等。

(六)暖房裝置、酷暑からの解放。

冬季は火鉢、ストーブ、スチーム等によつて室の溫度を保つ必要があるが、其の溫度は教師の方で常に調節せねばいけない。何月何日から何月何日までは、機械的に暖くても、寒くても、朝から放課まで火を入れるといつたやうなことは、不經濟であるばかりでなく、衛生上からもよろしくない。又夏季には華氏八十五度以上は大いに注意し、九十度以上にもなれば臨機の方法によつて、授業からは解放すべきものと思ふ。

(七)掃除。

これはいろ〳〵問題もあるが、出來るだけの注意を加へて、やはり尋常三年位からは兒童にもやらせる方がよい。第一床面に油を塗ることが輕便である。其の油はアメリカ製で床油といへば今我が國でも容易に手に入るものである。第二の手段としては、掃除前に水を撒くことである。第三には常に雜巾をかけて、塵埃のたまる餘裕を與へないことであるが、これは中々容易でない。

次に、學校清潔法について參考しよう。

學校に於ける清潔方法は、日常清潔方法、定期清潔方法、臨時清潔方法の三つが相伴はねばならぬ。今其の方法について文部省訓令(大正十五年十二月七日)の指示するところを擧げて見ると、次のやうに細かいものである。

甲、日常清潔方法

一、學校の建築に際しては、其の構造に注意し、就中教室、廊下、昇降口等の廣さを適當にし、且日光の射入、空氣の流通に便ならしむること。

二、校舍、寄宿舍等は、毎日人なき時に於て窓戸を開放し、適宜左の方法により掃除を行ふこと。

1. 塵埃の飛散を防ぐ爲、先づ如露を用ひて少しく床を潤し、靜に掃出したる後濕布を以て清拭し、又は濕りたる鋸屑、茶殼、籾殼を床上に撒布して之を掃出し、或は狀況に依りては單に濕布を以て清拭すること。

2. 除塵油を塗布したる床に在りては、單に箒にて掃出すか、又は除塵油にて濕した布片を以て拭ふこと。

3. アスファルト、ターククレー、コンクリート、石、煉瓦等の廊下、昇降口、運動場等は時々水を以て洗滌すること。

4. 疊敷又は塵埃の飛散する虞なき場所に於ては、乾燥の儘掃出すも支障はない。

5. 建具、校具等は濕布を以て淸拭すること。

三、木床、リノリウム敷等は、なるべく除塵油を塗布すること。木床に塗布するには先づ曹達水を以て床面を洗拭し、其の乾燥したる後之を爲すこと。塗油は春季、夏季、冬季の休業等の時期に於て行ふを可とする。其の回數は兒童生徒の員數及校舍の構造等に依り、適宜斟酌すること。

四、敎室、廊下、寄宿舍等に於ては、適當なる箇條の屑箱及液體を容れたる唾壺を配置し、紙片其の他の廢棄物の散亂を防ぎ、且唾痰を唾壺以外に略出するを禁ずること。唾壺内の唾痰は消毒したる後之を便池に投棄すること。

五、黑板、黑板拭は常に淸潔を保たしめ、黑板を拭ひ又は其の掃除を爲す際にはチョーク粉の飛散せないやう注意し、又黑板拭はなるべく室外に於て掃除すること。

六、靴の儘昇降する校舍、寄宿舍等の昇降口には塵掃　靴拭、靴洗器等を備へ、室内に砂塵の侵入するを防ぐこと。

倘狀況に依っては上靴、カバー等を使用せしむること。

七、便所の尿溝、注壁、便池及其の周圍は不滲透性の物質を以て固め、尿溝注壁等は時々水を以て洗滌し、便池内の汚物は期に後れず汲取り、常に清潔を保ち惡臭の欝滯を防ぐこと。

便所の手洗水は流出裝置と爲すこと。又共同手拭を使用せしめてはならぬ。

八、宿直室、寢室等は特に採光、換氣に留意し、寢具は適宜日光に曝し被布、寢衣等は時々洗濯し清潔を保たしむること。

九、食堂、炊事場、浴場、洗面所、洗濯所等は採光、換氣に注意し、且常に清潔を保たしめ、殊に食堂、炊事場等に於ては惡臭の欝滯なきやう注意すること。

十、塵芥の類は芥箱又は一定の場所に集め置き、期を誤らず燒却又は搬送せしむること。

十一、常に校地の排水に注意し、下水溝は適當の勾配を保たしめ、其の溝壁には不滲透性物質を用ひ、又時々浚渫を行ひ、汚泥は適當の方法を以て他に撤出し或は狀況に依り一定の場所に集積し散亂を防ぐこと。

下水溝は成るべく暗渠と爲すこと。

十二、運動場は其の廣さを適當ならしめ、其の手入並清潔保持に注意し、塵埃の飛散を防ぐ爲時々撒水を爲し、狀況に依り樹木を植ゑ又は芝生を造ること。

十三、廊下、運動場其の他適當なる場所に手洗場を設け、狀況に依り運動場、昇降口等に足洗場を設くること。

十四、器械室、標本室、戸棚、押入、下駄箱、物置、庭園等に關しては前記各項に準據し、適宜其の清潔保持に力むること。

乙、定期清潔方法

一、定期清潔方法は每年少くとも一回之を行ふこと。

二、敎室、寄宿舍内等に在る机、腰掛、寢臺、戸棚等は之を室外に出し、戸、障子、窓掛等は之を外して掃除し、尙天井、壁面、床等を掃ひ、其の他日常清潔方法に準據して十分清潔ならしむること。

三、室外に持出したる器具、寢具等は之を清潔にし、十分空氣を通じ、日光に曝し、室内の乾燥したる後持込むこと。

四、校地、建物、校具、井戸、下水其の他の設備を査閱し、其の改善修理を要するものは適當に處理すること。

丙、臨時清潔方法

一、浸水の害を被りたる學校に在りては、速に左の清潔方法を行ふこと。

(イ)水に浸されたる校舍、寄宿舍は成るべく其の建具、床板等を取り外し、日光の射入、空氣の流通を圖り、床下の汚物泥土を除去し、十分乾燥せしむること。

(ロ)建具、床板、校具、腰羽目等の浸水したるものは清水又は熱湯を以て清拭したる後、成るべく之を日光に曝し十分乾燥せしむること。

(ハ)浸水の害を被りたる井戸は、之を浚渫して汚物を除き、井戸側は清水を以て洗ひ、學校傳染病豫防規程第十八條に準し消毒方法を行ふこと炊事場、食堂、洗面所、其の他必要と認めらるゝものにつきても適宜消毒方法を行ふべし。

(ニ)右の外日常又は定期清潔方法に揭げたる各項を適宜準用すること。

二、前項以外の災害其の他公衆の集合等に依り不潔となりたる場合は、校長等につきて夫々適當なる清潔方法を行ふこと。

(八)近視眼の豫防。

近視眼は學校病の一つと稱せられるものであつて、學校職員が相當留意してゐるにも拘らず漸次增加する傾向がある。文部省は此の傾向を憂へ次のやうな訓

令を發してゐる。(大正八年九月十九日文部省訓令第九號)

「兒童生徒又學生ノ近視眼ガ年ト共ニ增加シテ來タノハ、誠ニ憂フベキ現象デアツテ、是ハ啻ニ學習ノ障害トナルバカリデナク、他日社會ニ出テ活動スルニ當ツテ、其ノ能率ニ影響スル所ガ尠クナイ。又之ヲ壯丁檢査ノ結果ニ徵シテ見ルニ、近視ノ爲不合格トナル者ガ每年多クナツテ來ル傾向ガアルノハ、國家ノ爲輕視スルコトノ出來ナイ問題デアル。近視ハ其ノ原因種々アルガ、學校教育ニ因ツテ誘發シ若ハ增惡スルコトガ頗ル多イ。併シ平生周到ナ注意ヲ拂ツテ適當ナ措置ヲスレバ、之ヲ未然ニ防グコトガ必シモ難事デハナイカラ、學校時代ニ豫防ノ方法ヲ講ズルコトガ極メテ緊要ナ事柄デアル。」云々。

而して近視眼豫防の具體的方法としては次のやうに指示してゐる。

一、採光に關する件。

(1) 採光は主として座席の左側からする。但し紙面に陰影を生じない限り上方からしてもよい。

(2) 光度は十分で平等なことが必要である。併し授業時間中教室内に日光が直射するのは、光度が强過ぎ且頭部を熱して充血を來すから、適當に窓掛等を利用して、其の害を避ける様にしなければならぬ。

(3)人工採光を用ひるときは、殊に光力に注意すると共に、陰影を生じない様に力めなければならぬ。

二、机腰掛に關する件。

机腰掛は之を調製する際に善く衛生上の要求に適ふ様にし、常に身體に適したるものを用ふべきである。且机と腰掛の分離するものでは、著席後常に其の離尺に注意して、輕度の陰性離尺を保たせる様にすべきである。

三、讀書、書字、圖畫、手工、裁縫等に關する件。

(1)學校に居る時でも、家庭に居る時でも、學習若は作業の際には、姿勢を正しくしなければならぬ。姿勢は不正に流れ易いから、敎師や父兄は絶えず監督して其の矯正に努めることが必要である。

(2)讀書、書字等の場合には、紙面と眼の距離を大凡一尺以上保たせ、且讀書の際は書物を机の水平面上約四十五度の角度にある様に注意しなければならぬ。

(3)總て讀物は文字の大いさが適當で、色•形等も明瞭なものを擇ぶべきである。

(4)歩行中又は電車•汽車•人力車等の動搖する處で讀書することは避けなければな

らぬ。

(5)筆記帳に書く文字があまり小さ過ぎるか、又は明瞭でないのは、甚しく有害なものであるから、努めて之を避けなければならぬ。殊に鉛筆を細く削つて非常に細かな文字を書く様なことは最も注意すべきである。圖畫・手工・裁縫等は年少者に對して過度に緻密なものを課してはならぬ。

四、黑板・圖表等に關する件。

(1)黑板及圖表等の文字は、其の色が鮮明で且つ大きいが宜しい。黑板又は圖表は光線反射の關係上光つて見難いことがあるから、適當な方法で不良な反射を避ける樣にしなければならぬ。殊に夜間では一層此の關係に注意し、目眼と黑板又は圖表の間にある光源の輝閃に依つて視覺を妨げないやうにすべきである。

(2)黑板の色は常に黑くなければならぬ。故に時々塗替へることが必要である。

五、服裝に關する件。

服裝特に頸部に於けるものに、窮屈なものを用ひるときは、頸部を壓迫して頭部に鬱血を來し、延いて近視の原因となることがあるから、常に寛かなるものを用ひる様注意を要する。

六、眼の疲勞に關する件。

眼の過勞は近視の原因となるもので、長時間に亘つて微小な文字を讀み、或は精細な作業をすれば、眼の疲勞を來すものである。故に學校にあると家庭にあるとを問はず、斯様な場合には時々作業を變更し、又は眼を遠距離に轉じて休養を圖るべきである。

七、身體檢査に關する件。

身體檢査の際近視眼を發見した場合には、當人は勿論、敎師又は家庭にも適當な注意を與へ、其の後も絶えず其の增惡を妨ぐことに力めねばならぬ。

八、眼鏡に關する件。

眼鏡を要する場合には、必ず醫師の差圖に從つて適當なものを使用すべきである。濫りに自分で選擇して使用することは斷じて善くない。

九、座席に關する件。

近視者で特に必要のある場合には座席を黑板の近くに設けて、視力の不十分なところを成るべく補足してやるやうに注意すべきである。

十、近視に關する知識を授ける件。

兒童生徒及其の父兄に對して、種々の機會に近視の弊害原因並其の豫防の方法等に關する知識を授けて、各自自衛的に之を豫防する樣に努めさせねばならぬ。

十一、遺傳的素質に關する件。

近視者の子孫は近視に罹り易い遺傳的素質を享けて居ることがあるから、血族中に近視者のある者は特に前記の諸項に注意することが必要である。

(九)姿勢。

この點も近時怠られ勝ちである。低學年よりも却て高學年になるほど忘れられ、且つ惡くなる傾向が見えるのは困つたことである。正しい姿勢は學習を正しくし、身體を健全にするのみならず、心をも正しく持たせるものであるから、たえず注意せねばならぬ。

(一〇)休養。

一昨年私の學校で、兒童の睡眠調査をやつたことがあるが、外國での調査に比して朝も晩も一時間づゝ早いといふやうな結果が出たが、兒童の睡眠時間は家庭の事情により、本人の體質によつて、必ずしも一樣に定めることが出來ない。但し參考として次にアクセル・キー氏の學童生活の一日の時間割を示さう。

年齢	就眠時刻	離床時刻	睡眠時間	着衣脱衣洗面等	食事食前後の休憩	遊戯及隨意作業	學校及家庭の學習
七	八時	七時	一一時間	一時間	三時間	六時間	二—三時間
八	八	七	一一	一	三	五—六	三—四
九	八	七	一一	一	三	五	四—五
一〇	八—九	七	一〇—一一	一	三	三—四	六
一一	八—九	七	一〇—一一	一	三	三—四	六
一二	九	七	一〇	一	三	三	七
一三	九	七	一〇	一	三	三	七
一四	九・五	七	九・五	一	三	二・五	八
一五	一〇	七	九	一	三	二・五	八・五

學校の休憩時間も休養の意味がなければならぬ。やたら飛びはねて却て疲勞

を增し次の時間の課業にボンヤリしてゐるのでは、學習の點からも身體上からも望ましいことでない。殊に中食後の一時間は餘りに解放されて、猛烈な運動時間となつては其の本旨を誤ることになる。

二、特殊的注意

身體のことは特に兒童各自に卽した方法で衞生も鍛錬も注意されねばならぬ。私どもは身體檢査の結果に基き日々の現情を察知し、家庭と協力し、醫師と同一の態度を以て其の發達を圖るやうでなければならない。

近時學校衞生の進步に伴ひ、次のやうな特殊な點にまで次第に硏究せられ、着々實施せられやうとしてゐる。

(一)學校看護婦の設置。

(二)學校給食。

(三)學校診療所。

(四)兒童遊園及兒童體育團體。

(五)兒童預り所。

(六)林間學校・臨海敎育・休暇聚落。

(七)補助學校。

(八)學校沐浴。

(九)學校斬髮等。

三、異常兒に對する注意

兒童の中には身體又は精神について異常を呈するものがあるから、學級經營者は之に關しても大體左の諸件を心得て置くべきである。

甲、身體的異常。

身體的異常と看做すべき場合は種々ある。(一)感覺の缺陷の如き、(二)身長・體重・成長率・成熟狀態の變態の如き、(三)各種の神經的障害の如き、(四)各種の外傷的障害の如きは、何れも身體上の異情と看做されるのである。就中感覺の缺陷並に神經障害は、精神的異常と密接なる關係を有するものと考へられる。

神經病性、又は精神病性體質者と稱せられるものは、大體左に列記するやうな精神的•身體的徵候を有するものと考へられ、不合理な處置や、教養に依つて、兒童を不治の精神異狀に陷るゝ場合が少からず存するのである。

1. 頭痛を訴へるもの。
2. いつまでも言葉つきが諵語卽ち甘つたれたやうな舌足らずであるもの。
3. 大きくなるまで遺尿の癖の止まないもの。
4. 生れつき斜視又は顏面神經の輪經力に左右の不均等のあるもの。
5. 生れつきの吃吶。
6. 生齒、言語、步行等の發育の非常に遲れるもの。
7. チック症と名くる痙攣症狀あるもの。
8. 些細の原因(例へば烈しい感動、疼痛又は生齒の際)などに依つて、引きつけ卽ち全身痙攣發作を起すもの。
9. 甚しく內氣、引込思案で、他の子供と遊ばず、家にばかり引込んでゐるもの。
10 甚だしく空想に耽るもの。
11 甚だしく感情の轉換し易きもの。
12 好んで虛言をつくもの。又は他人の虛言をたやすく信ずるもの。

13 非常に輕卒なるもの、又は非常に樂天的なもの。
14 猜疑・嫉妬心の强いもの。
15 殘忍性格。
16 悖德性格。
17 盜癖。
18 生來智力薄弱で低能なもの。
19 知能の發育不平均なもの。
20 烈しい强迫觀念を有するもの。
21 何事をしても直ぐ厭き易く、遊惰性のもの。
22 著しき衝動行爲あるもの。
23 幼時より色情的行爲あるもの。
24 熱性疾患に罹ると、直ぐ譫語を發したり、夢中になつたりするもの。
25 幼少時より時々發作性の精神異常を呈するもの。
26 いろ〳〵の惡癖、例ば爪を嚙む癖、鼻くそをほじくる癖、まばたきを頻發する癖などあつて、叱つても中々治らぬもの。

此の如き異常體質は偶然に生ずるものに非ずして、家系的・遺傳的原因に基きて生來的に生ずるものが多い

乙、精神的異常。

精神的異常には自ら二種ある。一は智能異常で、二は情意異常である。

一、智能異常は二つの方向があるので、一は癡鈍、低能、白癡の類にして、一は天才、能才、優秀の類である。即ち一は陰性・消極性であり、一は陽性・積極性のものである。陰性・消極性の智能異常に幾多の種別あるかは、學者によつて其の所說大いに異れりと雖も、大體低能、魯鈍、癡愚、白癡の四類ありと看做されてゐる。（中略）

二、情意異常も亦種々の場合を發見するのである。獨乙の精神病學者ショルツ、教育學者トリユペルは「性格異常」と題する書を著はしたが、之によれば凡そ三十五種の異情が存するのである。次に表示しよう。

一、感覺及感情の範圍に於ける異情

（イ）自我感情の衰弱及氣分の沈下。

（1）愛愁　（2）過敏　（3）氣隨　（4）臆病　（5）躊躇

(ロ)自我感情の增强及氣分の發揚。

(6)恣意(放縦)　(7)高慢　(8)剛情　(9)虚飾　(10)無遠慮

(ハ)感情生活の缺陷。

(11)遲鈍　(12)懊悶　(13)刻薄

二、觀念の範圍に於ける異情

(イ)觀念生活の制止。

(14)愚鈍　(15)放心　(16)輕躁　(17)懶惰

(ロ)觀念生活の異常亢進。

(18)早熟　(19)空想　(20)好奇癖　(21)不規律

三、意志及行爲の範圍に於ける異常

(イ)神經筋肉の刺戟性衰弱。

(22)不靜肅　(23)不器用　(24)滑稽

(ロ)利己的活動。

(25)貪慾　(26)蒐集癖　(27)詐僞及竊盜　(28)無愛想　(29)嫉妬・猜忌

(ハ)衝動的行爲及同情心の缺乏。

(30) 害心(惡意)　(31) 殘忍　(32) 卑猥　(33) 破壞　(34) 虛僞　(35) 憤怒

第三節　學級體育上の考察

(一)自由遊戲。

體操時間中に指導するものゝ外、兒童は暇さへあればいろいろの遊戲に耽つて自由に遊ぶものである。或は學校の器械設備を利用して遊ぶものも居れば、ボールを以て遊ぶものがあり、駈けまはるものも居れば、鬼ゴツコ、繩とび、ヂャンケン鬼、陣取りなどをやるものも居る。私の學校では男兒には水雷艦長といふ遊戲が一番普及してゐる。尋常一年生などは、砂場で砂山やトンネルを作ることに餘念のないものが多い。

(二)課外運動。

これにも野球、庭球、蹴球、籠球のやうに、現今最も青年の間に盛大になりつゝある競技を小學校に取り入れたものもあれば、キックボールや、デットボールなどのやうに、體操時間のものを其のまゝ延長してやるものもある。指導者監督者がなければならぬから、學級擔任者もせめて其のゲームの方法、審判法位は心得て居なくてはならぬ。

（三）學校體操。

この點は體育の中堅となるものであるが、學習に關する場合に述べることにする。

（四）遠足・登山。

遠足はもと鍛錬的なものであるが、實際は校外教授を兼ねる場合が多いから、鍛錬の目的を主として行ふならば登山、强行遠足等もよろしいと思ふ。但し此の場合は、兒童の體質を十分に考慮し、天候、距離、萬一の準備等を周到にせねばならぬ。

（五）鄕土的特色ある體育の奬勵其の他。

水泳をやるとか、スキーを指導するとか、又は擬戰雪合戰を行ふ等のこともあるがこれ等は一學級でやるよりも、むしろ學校全體として行はねばならぬ。

第四節　身體檢查

一、身體檢査は現在四月に一回行ふことに定められてゐるが、それが全く形式的になつてゐるかと思はれる。私共の養護鍛錬の基礎を明にするものは、兒童身體檢査の結果であるから、學級經營者は、其の場に立會つて、醫師からいろいろの注意を聽取せねばならぬ。（一）それは先づ身體檢査の方法について會得せねばならぬ。

（二）次に身體發育概評決定の標準を心得て置く必要がある。卽ち

發育概評決定標準

兒童の發育概評は左の標準に依り之を定めることになつてゐる。

一、七年より十八年までの男子、七年より十六年までの女子に在りては、被檢者の身長、體重、身長を以て體重を除したる商の三者が何れも左記發育概評決定標準表に照して、當該年齡より一年年長のものゝ標準以上なるを甲とし、之に該當せずして一年年少のものゝ標準以上なるを乙とし、甲乙何れにも該當せざるものを丙とす。

表中に揭げざる年少者に關しては右に準して推定するものとす。

二、十九年以上の男子に在りては、身長一六〇・六センチメートル、體重五三・六キログラム、身長を以て體重を除したる商が〇・三三四以上なるを甲とし、之に該當せずして身長一五七・〇センチメートル、體重　八・八キログラム、身長を以て體重を除したる商が〇・三一一以上なるを乙とし　甲乙何れにも該當せざるを丙とす。

十七年以上の女子に在りては、身長一四八・五センチメートル、體重四六・八キログラム、身長を以て體重を除したる商が〇・三一五以上なるを甲とし、之に該當せずして身長一四三・九センチメートル、體重三九・四キログラム、身長を以て體重を除したる商が〇・二七四以上なるを乙とし、甲乙何れにも該當せざるを丙とす。

三、前各號に於ける被檢者の身長を以て、體重を除したる商の計算は　小數第三位に止め、第四位以下は切捨つるものとす。

發育概評決定標準表

昭和二年四月一日より實施した發育概評決定標準表は次の通りである。これは數師はよく心得て置き、家庭にも豫めよく理解させて置くやう方法を講ぜねばならぬ。兒童にも漸次自己のレコードと比較させるやうにする。

年齢	男 身長	男 體重	男 身長ヲ以テ體重ヲ除シタル商	女 身長	女 體重	女 身長ヲ以テ體重ヲ除シタル商
六年	一〇二糎七	一六瓩〇	〇・一五六	一〇一・五	一五・四	〇・一五二
七年	一〇六・七	一七・五	〇・一六四	一〇五・五	一六・九	〇・一六〇
八年	一一一・二	一九・二	〇・一七三	一〇九・七	一八・四	〇・一六八
九年	一一五・八	二一・〇	〇・一八一	一一四・二	二〇・二	〇・一七七
十年	一二〇・三	二二・九	〇・一九〇	一一八・八	二三・一	〇・一八六
十一年	一二四・九	二四・九	〇・一九九	一二三・六	二四・三	〇・一九七
十二年	一二八・八	二七・一	〇・二一〇	一二八・五	二七・〇	〇・二一〇
十三年	一三三・六	二九・九	〇・二二四	一三五・二	三〇・八	〇・二二八
十四年	一三九・四	三三・六	〇・二四一	一三九・四	三四・七	〇・二四九
十五年	一四六・四	三八・二	〇・二六一	一四三・九	三九・〇	〇・二七一

十六年	一五二・七	四四・五	〇・二九一	一四六・七	四二・七	〇・二九一
十七年	一五七・〇	四八・二	〇・三〇七	一四七・九	四五・一	〇・三〇五
十八年	一五九・一	五〇・七	〇・三一九			
十九年	一六〇・三	五二・六	〇・三二八			

第五節　傳染病に對する處置

傳染病には急性なものが多いが、學級生活のやうに多數の兒童の共同生活になると、よほど注意しないと却て學級が傳染所となるやうな困つたことにもなるのである。故に特に左の三件に留意したい。

(一)トラホーム。

若し學級內にトラホーム兒童があれば、一日も早くその治療させるやうにし、學校でも出來るだけ健康兒との間に接觸を避けさせねばならぬ。

(二)種痘。

これには法律上の一定の手續があるから、それを嚴守する。

(三)其の他の傳染病の兒童に對し。

これも法令の手續があるから、學校傳染病豫防法に從つて、適法且つ適切な處置を誤つてはならぬ。

第六節　病傷に對する應急處置

學級で突然兒童が疾病を發したり、又負傷したりした樣な場合に、敎師は應急處置の心得だけはなければならぬ。

一、疾病に應じて必要の處置をとること、これが最も大切である。

二、救急の設備をなし置くこと。(寢臺、藥品等)

三、程度に應じ校醫、看護婦に通知し、又家庭にも通知せねばならぬ場合もある。

第七節　學校衛生に關する一般的注意

最後に兒童の學校生活に於ける衛生的考察を一般的に加ふるため醫學博士三島通良氏の調べを参考しよう。

一、學校は多數の生徒の集合する所なれば、校地・校舍・便所常に清潔なるを要す。
二、校舍及び敎室内に於ては、靴・草履・靴拭等の不潔ならざることに注意すべし。
三、敎室及び廊下等に紙屑等を棄つることを禁ずべし。
四、校舍内に於ては、唾啖を咯出すべからず。便宜の場所に唾壺を備へて之に十倍の石灰乳を湛え置き交換すべし。
五、校舍内に塵埃を起たしむることは甚だ有害なるを以て、掃洒に際し室内に於ては四方を解放したる後、又板床に於ては之を潤はしたる後にあらざれば掃き出すべからず。
六、塵棄場は校舍より隔離したる處に置き、下水は時々之を浚渫すべし。
七、生徒の衣服身體等は之を淸潔ならしむべく、特に襦袢手拭等は數々之を洗濯し、又顔面手足頸部等の淸潔に注意すべし。
八、生徒は朝寝をなし、又夜を更すべからず。朝起き出でたる時は、先づ顔・耳・頸手等を十分に洗ひ、毛髪は之を梳すべし。其の他四季を通じて冷水を以て身體の全部を摩擦するを可とす。

九、時々温湯に浴し、且夏時に於ては清潔にして危險なき河海に沐浴するを可とす。然れども一日二回を過すべからず。又一回十五分を過すべからず。沐浴終らば乾きたる手拭を以て強く皮膚を摩擦すべし。

十、朝夕及び食後には微温湯又は清水を以て含嗽し、且常に爪は各種の病毒を傳染せしむることあるを以て、常に之を清潔にし、且時々剪除すべし。齒を清潔にすべし。

十一、運動は健康上最も必要のものなれば、常に之を怠るべからず。遊戯•體操•游泳•操櫓•擊劍•柔術•乘馬•相撲•農業•花卉の栽培等は、年齢に應じ適當のものを選びて之を行ふべし。

十二、衣服の厚きに過ぐるは人をして柔弱ならしむるが故に、薄からしむべく、又長きときは運動に不便なるが故に短かからしむべし。襟卷は感冒を發する誘因となるものなれば、力めて之を避くべし。帽子は輕く柔かなるを用ふべし。帶又は紐の緊きと、靴の窮屈なると、履物の重きとは共に身體の發育を害するものなり。宜しく注意すべし。

十三、飲食は之を節し、徐々に之を咀嚼し、靜に嚥下すべし。且成るべく間食を禁じ、食事の時間と其の分量とは、幼時より規則正しくすべし。又決して冷熱の度强きものを飲食すべからず。

十四、飲用水は最も衛生に關係あるものなれば、常に濾過若くは煮沸したる淸水を貯藏し生徒の使用に供すべし。

十五、窓を開きたる儘寢に就くは夏時に於ては妨げなきも、能く腹部を覆ふことを怠るべからず。

十六、黃昏に際しては決して讀書寫字等を爲すべからず、寫字の時は體勢を正しくし、足蹠を水平に床上に置き、首は少しく前方に傾け、机を近くに引寄せて爲すべし。胸部を机に倚らしむるは最も有害なり。

十七、兩脚を交叉し下脚を腰掛の下に屈め、若しくは之を擲出す等のことは共に之を爲すべからず。

十八、机に對して座する時は、窓若くは燈火は必ず左方に在るを要す。又眼と紙面との間には少くとも一尺二寸の距離を置くべし。

十九、書籍と紙とは必ず正しく之を机上に置くべし。讀書に際しては兩手に之を捧げ、若くは之を見臺に載せて四十五度の角度に置くべし。寫字に際しては兩肘を少しく斜に屈し、左手に紙の下端を鎭め、書するに從ひて之を適宜の位置に上下せしむべし。又自己の記載したるものを他人に示さゞらん爲め、肘若くは首を傾けて之を匿すが如きは必ず之を避くべし。

二十、煙草及酒は兒童にありては勿論青年の者にありても、又其の心身を害すること甚しきを以て、必ず之を用ふべからず。

二十一、新鮮なる空氣と、淸朗なる日光とは人生缺くべからざるものなれば、室内は終始其の流通射入に注意すべし。夏時に於ては、音樂唱歌の時間を除き窓を悉く開放したる後にあらざれば業に就くべからず。

二十二、放課時間に於ては全級の生徒を退出せしめ教室内の空氣を交換すべし。

二十三、教室内の溫度は攝氏十五度(華氏五十九度)を適當とす。

二十四、外套傘の類は教室内に置くべからず。

二十五、塗板は眞黑なるを要す。(黑色漆を以て塗り、稍〻光澤を施したるもの、且塗板拭濕布を用ひ毎朝之を洗濯すべし。)

二十六、視力弱きもの、耳病あるもの、脊柱の彎屈したるものには特別の注意を要す。尙其の狀況によりては家庭を通じて醫療を受けしむべし。

二十七、近視、弱視、重聽の生徒は、級の前列に於て光線の最も佳なる位置又は聞取り易き位置を與ふべし。

二十八、凡て普通の重聽は、主として外聽道内に耳垢の附着する等より發し、又多數の眼病は眼を不潔にするより發するものなれば、生徒をして常に其の耳目を淸潔にせしむべし。

二十九、敎員は常に不注意若くは呆然たる生徒の聽力に注意し、其の異常あるや否やを檢すべし。

三十、耳漏を病ふ生徒にして、其の膿液の惡臭を發する時は、傳染の虞あるを以て昇校を停むべし。

三十一、脊柱の屈彎症に罹りたる生徒には、之を矯正せしめんが爲め、特に机腰掛中の適當のものを選び與ふべし。

第十七章　行事とその活用

學校及び學級の生活は、ただ毎日同じ事を繰り返してゐるやうであるが、中には法令上から指定せられたものや、又教育上の企てによるものなどが、いろ〳〵の行事となつて催されることになる。授業をするのは、學校生活に於ける最も普通の行事であるから、これは改めて言ふ必要あるまい。

行事は學校の活動する姿態であるから、學校のすべてのものがよくその趣意を必得てゐることが大切であつて、歩調を合せなかつたり、趣意をとり違へたりすると、全體の活動が圓滿に運ばないことは言ふ迄もない。

行事には學校の行事と、學級の行事とがある。學校の行事は學校全體のものが同一の行動をとる場合もあるが、又さうでなくて、或る學年、或る學級のみに止まる場合もある。同じ事をやるにしても、その時間や、程度だけは區別を設けるやうな場合もある。そこで學校の行事はたとへすべてのものが同一の事をしない場合でも、やはり皆のものが心得て置かねばならず、全體としての關係を圓滑に運ばねばならぬ。中には授業の補缺などのやうな直接の關係も生ずることになるからやはりすべての職員・兒童がよく了解し合ふ必要がある。

行事は學校によつて多少があらう。ごく簡單にしてゐる學校もあらうが、又可なり複雜な行事を整へてゐる學校もある。しかし儀式や運動會等を初め、どんな學校でも最小限度にはやらねばならぬ行事がある。それを複雜にすれば際限がない。

そこで學校の行事には敎師のみに關する行事と、兒童敎師全員の行事とがあるわけである。後者の方が大部分であることは言ふまでもない。それから學校の行事はこれを實行する場合には、大概學級を單位とするものであるから、學級の行事ともなるのである。しかし學級の行事中には、單にその學級內の行事に止つて、他の學級には何等關係のない場合もあれば、關係のある場合もある。學級行事について、敎師のみでやる事もあるが、殆んど兒童と共に何事かを催すといふことが多い。これ等のいろ〳〵の行事はそれ〴〵の教育的意味を有するものであるから、正課を補充し、興味と敬虔と共同自治とを體驗させつゝ、成るべく有意義に計劃し指導せねばならぬ。

第一節　學級の行事

學級の行事は低學年の場合は、教師一人で定めて實行することもあるが、高學年になると成るべく兒童と協議の結果行事を定めることにし、その實行についても兒童と共にするといふ態度に出なければならぬ。又兒童の爲めにするものだといふことも明にする方がよい。

一、日々の出缺席兒童の調査

小學校では兒童の出缺席を調べることは、教育上の意味ばかりでなく、學校長の職務の一つとして若し缺席一週間以上に亘るものがあれば、その都度市町村長に報告せねばならぬやうなわけであるから、正確に記入されねばならぬ。だから出席簿は必ず教卓か教師の手近に置いて、朝第一時の場合に調査し、更に第二時に今一度簡單に調べて訂正を加へるやうにするがよい。我が校では次の記號を記入することになつてゐる。○病缺。⊘遲參。◎事故缺席。×早退。、休祝祭日。

右の結果は職員室の全校出缺席一覽表に記入する學校もある。兒童出席狀況通覽の爲めには結構なことである。

二、月末、學期末、年度末の出席統計

これも中々やかましく調査して報告し、その結果に順位をつけて配布するやうなことを學校內や一郡市などでやつてゐる所もあるが、出席奬勵の爲めには必要な手段であらう。しかしそれが全く形式的になつたり、子供や家庭に無理になつたり、當然忌引すべき時まで出席するやうな非常識非教育的なことに陷る例もあるやうである。學級としては兎も角反省の材料として一定の時期に統計をとることはよいと思ふ。上學年に進むとそれを算術のグラフにしたり、計算の材料とすることも面白い。

三、成績物の掲示、回覽

これは毎回やる必要はないから、必要だと思ふ時、教師自ら掲示するなり、回覽するやう順序を定めるなり、或は兒童の係にさせてもよい。

四、文集

兒童の綴方の作品を集めた文集を製本して、それを回覽するのも有効である。月一回か一學期に一回でもよい。何かの記念すべき機會に止めてもよい。

五、學級展覽會

一つの學級だけで圖畫とか、綴方とか、書方とか、その他の意匠等について簡單な展覽會を設けるのも面白い。場合によつては同學年の他の學級に案内するとか、學級の保護者だけに見てもらふとか、專科の先生に批評を請ふやうなこともよからう。夏休み後に採集したものなどを主にして成績物を加へて展覽會を催すのもよい。

六、學藝會

月に一回位催すがよい。豫めプログラムを作つてやるか成るべく何事にも一度は全體の兒童が出演するやうに作製せねばならぬ。私の學校では毎年七月に一回學級學藝會を催して、各學級で裝飾をしたり、保護者や教科擔任の先生を招待したりして、殆んど自治的にやるのであるが、極めて面白い會合である。一部一年の私の級で、今年やつたプログラムは次の通りであつた。

ガクゲイクワイ　プログラム（昭和二年七月十五日）一部一年

カイクワイノコトバ	先生	8、ヅ　ガ	安達	16、シヤウカ	北條
1、シヤウカ	三浦	9、ヅ　ガ	大橋	17、ハナシ	井出
2、ラウドク	原	10、シヤウカ	佐藤	18、ラウドク	野村
3、ヅ　ガ	葛西	11、ラウドク	伴	19、ヅ　ガ	太田
4、ヅ　ガ	鷹司	12、ハナシ	武安	20、ヅ　ガ	榎本
5、ラウドク	竹内	13、ラウドク	山田	21、ハナシ	田村
6、シヤウカ	平尾	14、ヅ　ガ	坂本	22、ラウドク	清原
7、ハナシ	本内	15、ヅ　ガ	藤本	23、シヤウカ	堀江

24、ラウドク　藤井
25、シヤウカ　生駒
26、ラウドク　川島
27、シヤウカ　小池
28、ハナシ　竹内
29、ラウドク　熊坂
30、ラウドク　小笠原
31、ヅガ　伊藤
32、ヅガ　林
33、ハナシ　生田
34、シヤウカ　藤木
35、オハナシ　先生
○オヤスミ（チクオンキ オクワシ）
36、ラウドク　井出
37、シヤウカ　村上

38、ラウドク　平尾
39、ラウドク　淺川
40、ラウドク　島中
41、シヤウカ　中村
42、ヅガ　岩下
43、ラウドク　森本
44、ヅガ　廣瀬
45、ヅガ　清水
46、ハナシ　村上
47、ラウドク　生駒
48、シヤウカ　井出
49、ハナシ　堀江
50、シヤウカ　本内
51、ヅガ　石黒
52、ラウドク　大賀

53、ラウドク　井上
54、ハナシ　中村
55、ラウドク　北條
56、ハナシ　大賀
ヘイクワイノコトバ　先生

× × ×

◉デルヒトハ　ゲンキデ　ハッキリ　ユクワイニ　ヤリマセウ

◉キクヒトハ　シヅカニ　タノシク　キキマセウ

七、成績考査

第十三章に述べた通り、日常やるものと、期を定めて豫め十分練習したものについてやる場合とある方がよい。定期的のものは豫告して置かねばならぬ。私は一昨年尋常六年の擔任であつた當時は、算術の計算と國語の書取とについては、常に毎週一回時間を特設して競爭的に考査し、その結果をずつと計算させたが、最も多かつたのは最後に數千點に達した。全く繼續的の努力の結果であると思ふ。

八、自治會

學級自治會は尋常三年から始めてよい。その組織は極めて簡單にして、級長を設けてそれが會議を開く場合の司會者となるし、其の補助者として他に二人の生徒(男女合級であれば男兒一人女兒一人がよい)を副へる。

指導の方針としては、

1、人の缺點を見たり、擧げ足をとつたりしないこと。

2、多數決で定めてしまはないで、皆のものが一致するまで話し合ふやうにする。

3、成たけよい事を思ひ立つたために、みなで相談するといふ心持になる事。これ位でよい。初めは教師が主として指導して、次第に子供に委せるやうにして行く。修身の時間で學んだ事と常に聯絡し、學級の行事のことなども、此の協議によつてだん〳〵定めるやうに導くがよい。

必ず記錄して置かねばならぬ。

九、選舉

尋常三年の學級以上になると學級自治會の役員や級長を選擧させるし、尋常四年又は五年以上は學校自治會の委員又は幹事などを選出させるがよい。此の場合選擧の一般方法を授ける。一學期每に交替させるがよいが、それは餘り嚴密には要求しない方がよい。

一〇、掃除その他の作業分擔

尋常三年位から上の兒童には、自分の教室を掃除させるがよい。小學校の「掃除問題」は一時大なる衛生上の問題となつた事があるが、衛生上の施設をよくすると共に、兒童にも掃除させて差支へないと思ふ。但し塵埃の立たぬ爲め床油を引くがよい。これは掃除を非常に簡易ならしめるものである。

1、組分は一週間一回に分擔するやう每曜日に固定させる。そして各學期で交替させる必要がある。

2、最初は十分共の方法を指導してやらねばならぬが、後には兒童が自ら掃除の本旨を辨へてやるやうに導きつゝ只監督だけをする。上級生にもなれば、その監督とか檢閲とかをも要しないで、兒童がすつかり清潔に靜肅にやれるやうにせねばならぬ、人によつては敎師も兒童と共に掃除をせねばもらぬかのやうに主張したり、それを誇示したりするものもあるが、それは恐らく敎師の實行の續かぬことであると私は見てゐる。又さうしなければ子供が働かないやうなら、それは指導の仕事が當を得て居ないと思ふ、放任は勿論惡い。しかし子供だけでやれるやうにならぬのもやはり駄目である。

其の他の作業についても分擔と共同とを程よく體驗させねばならぬ。

一一、保護者の參觀

これは日を定めて參觀をしてもらふのもよいが、それは學級の方は都合がよいけれども、家庭では困る場合が多い。やはり一週間の參觀日を定めて此の間に參觀し、且つ懇談するとかいふやうに、或る時期を決めればよい。父兄の參觀の場合には成るべく普通の通りの授業をして、それをじつと觀てもらふ。それについて後刻教師から教授・訓練・養護の方針と、兒童の傾向、缺陷等を一般的に話し(或はこれは印刷物でもよい)、個別的のものは最後に一日數人位づゝ懇談するやう共の人名を指定するがよい。普通の場合保護者の參觀は、一つの家庭教育の講習會になり、保護者の教育にもなるのである。だから種々の統計表を作製し、成績品を陳列して、一般の教育思想を啓發する機會とするがよい。

一二、身體檢査

これは文部省の規程に基づいて、一年一回四月に施行する。これは學校行事であるが、學級としては更に秋に一回施行して春の場合との發達の比較をするがよい。又夏休の前後に身長、體重だけの檢査をするのも面白い。醫師を煩はす必要はなく、教師が單獨に出來る程度でもよい。

一三 遠足

遠足は學校全體で行ふか、數學級連合するか、それとも行先が學級毎に異るか、やり方はさま〳〵あるが、多少遠方へ出かけるのには、數學級が連合するのが一番よいと思ふ。遠足は身體の鍛錬を主たる目的とするけれども、同時に(一)師弟間の愛情を增し、(二)兒童相互の親交を加へ、(三)個性觀察の好機會となり、(四)快活、進取、元氣、親切、友情、剛健、忍耐等の諸德を涵養することも出來るものである。それで出來るだけ學級單位としても遠足を行ふがよいが、(一)經費を要することになり、(二)多少の危險も伴ふことであり、(三)學業の豫定も考へねばならず、(四)他の學級との振合もあり、さう屢々實施することは、實際上困難な事情がある。

遠足は學級單位でやることはむしろ少い方であるが、序だからこゝで一般の遠足に關する點を研究しよう。

(一)遠足の種類

遠足は其の參加する組の如何によつて、

甲、學級遠足

乙、合同遠足

丙、全校遠足

の三種に別つことが出來る。今その利害得失を攻究するに、學級遠足は其の計劃が簡單に行はれ、指導も監督もよく手が行き、統一があるので、その効果は最も著しいといへる。只其の缺點とするのは、只一人の擔任の教師が、四五十人乃至六七十人の兒童を引率することになるから、交通頻繁の道路を通行する場合とか、危險な山中、斷崖、河邊、湖畔、海岸等に赴く場合などは、その監督上多少不行屆になり易く、爲めに意外の失敗を來さぬとも限らない。電車を利用するとか、汽車を利用するやうな場合、殊に船舟に乘らねばならぬやうな場合は、それではよろしくない。又遠足等の場合には、往々其の途中で氣分の惡い子供が出來るものであるが、そんな故障を生じた場合に、只一人の教師では、何とも仕樣のないで困ることがある。だから學級遠足は、ごく近距離で、危險な心配もなく、學級の人員も五十人以下位であつて、校外教授を主とする程度の場合に行ふべきものであつて、それ以外は合同遠足によるのが比較的安全でもあり、且つ有効であると思ふ。

合同遠足は二學級又は數個學級が合同して同一方法の下に遠足を行ふものであつて、何れの組も相當の目的を達することが出來て、且つ最も行ひ易い方法であるといつてよい。合同遠足は如何なる學級が合同するかによつて、低學年の合同、中學年の合同、高學年の合同、或は女子學級の合同、男子學級の合同といふ工合に、大體學級年の近いものが相合するのが最も普通である。又同一學年の學級が二學級以上なる場合には、少くとも同學年の學級は合同するのがよい。此の合同遠足は、職員も數人居ることであるから、上席者の全體の統一の下に、種々の係を設けて分擔することも出來、萬一或る學級の兒童に病氣其の他の故障が出來ても、相互に補助し合ふことが出來るので、此の方法によるのが最もよろしいかと思ふ。中には六年と一年といふ工合に組合せて、お互に子供たちに助け合はせる方法も有益であらう。

學校全體の遠足は年齢・學年の隔りのあるものが、多數合同して出掛けるのであるから、遠足としては十分に目的を達することが出來ない、牛と馬の同行は双方共滿足を感じないであらう。だが此の全體のものが同一の場所に行くといふ全體意識を發揮する上に、運動會や學藝會等と同様特別の精神的意義がある。だから全兒童・全職員が、學校を擧げて一所に集るといふ點に特別に意味づけるやうな場合には、此の方法は最も有効である。學校の記念日の遠足とか、國家的、又は他方的の奉祝の爲めの遠足とかに、或る附近の適當な場合に全校遠足を行ふことは如何にも意義あることになる。全校遠足は、さうした場合に、比較的近距離の何かいはれのある場合に、意味を持つて行ふことに適する方法である。

遠足は其の目的の如何によつて、

甲　普通遠足

乙強行遠足
丙擬戰遠足
丁校外教授を兼ねた遠足

の四種となる。強行遠足は鍛錬を主たる目的として行ふものであつて、全然徒歩のみによる場合、長距離の場合、一部分駈歩を行はせる場合、登山の場合、以上の場合に多少競爭を利用するやうなものであつて、兒童の團體的行動、奮闘努力、耐久、協同一致等の精神が著しく發揮せられるものである。

擬戰遠足は我が校で數十年來實施してゐることであるが、男兒三年以上を赤白二軍に別ち、指揮官、分隊長、小隊長を初め、軍の編制、指揮、策戰等一切兒童のプロゼクトによつて行はせる興味あり、勇壯な團體競技である。各軍には衞生隊も附屬し、職員を審判官とし、ラッパの合圖によつて、戰闘は開始される。聯隊旗を奪取されることによつて、勝敗は決するが、戰闘中各自二十五發の白粉入の彈丸(直徑二寸位の白布製)で上半身以上に當てれば敵を斃すことが出來るたから戰闘中はすべて黒の上衣を着用する定である。

次に校外教授を兼ねた遠足は、目的地又は途中に於て、地理歴史理科等の教材を豫定して置いて、その教授を兼ねるものである。校外教授のみで出掛けられない場合に、これを兼ねることになるのであるから、これも最も普通に行はれる方法である。

左に遠足に就て注意すべき點を擧げる。

1、遠足は定期的に、豫定の細目に準據して行ふがよい、どの學級にも厚薄なく行き亘らせる必要がある。

2、遠足地點は引率教師自ら實地踏査して置かねばならぬ。單に細目にあるからとか、他の教師から大體のことを聞いて置いたとか、嘗て行つたことがあるとかいふのではよろしくない。少くとも引率職員の中に、一人は遠足の直前に其の土地を實地踏査して置かねば失敗を招くことがある。踏査事項としては

イ、距離及所要時間

ロ、乗りもの丶有無、その發着時刻
ハ、途中の道路の狀況
ニ、危險の有無
ホ、風紀上注意すべき點
ヘ、休憩晝食の場所、方法
ト、途中解散の場所及適否
チ、沿道及目的地に於て見學せしむべき事項
等がある。
3、遠足の季節、距離、行路の難易について十分考察せねばならぬ。私の學校では、學校のその都合上、梅雨の頃に遠足が當るので非常に困つた經驗を持つてゐる。遠足を當日行ふか否かを、天氣のあやしい場合に如何にして周知せしめるかといふことは、中々容易ならぬことである。それで我が校では前日の夕刊新聞(ラヂオの天氣放送でもよい)に雨の字があれば、雨模樣でも小雨でもにはか雨でも、兎も角遠

足は止めるといふ極めて機械的な方法で、その約束をしてゐるのであるが、往々それが爲めに立派な天氣を取り逃がすこともあるけれども、意外な失敗を招く心配だけはない。

距離は學年により、男女によつて大體定まるべきであるが、强行遠足でない限り、日歸りにゆつくり餘裕のある位がよい。行路の途中に河があつて、渡船によらねばならぬやうな場所は成るべく避けるがよい。渡船は故障の最も多いものである。

4、出發前の講話と、現地の講話とを有效にせねばならぬ。見學せしむ場所や、平素の教授を實地に補說したいやうな土地であれば、豫め印刷した地圖、要項等を各兒に渡して、前日大體見學の順序及要點を簡明に話して置き、尙現地に臨んでから、豫定の講話を爲すべきものである、

5、携帶品は辨當の外に成るべく水筒を持たせる。その外少量の菓子、果實は差支へなく、金錢は殆んど持たせる必要を認めない。

6、當日の豫定、時間、解散の場所時刻、其の他の心得については、印刷して家庭にも十

分了解させて置かねばならない。

一四、校外教授

前に遠足の事について詳述したから、其の大半は校外教授の場合と共通になるといつてよい。而して校外教授は主として學習に關することであるから、學習の場合に述べることにする。

一五、旅行

學校では通常日歸りの旅行を遠足と稱へ、宿泊を要する場合にそれを旅行といふことになつてゐる。小學校の兒童を宿泊させるほどの遠距離に引率することについては、其の効果のあることは明かであるが、同時に種々の困難と弊害とを伴ふものであるから、縣當局として、小學校兒童の宿泊旅行は、これを許可しないといふところもあるかと思ふ。困難や弊害としては、

イ、經費を多く要するから兒童の中に無理をせねばならぬものがある。

ロ、危險を伴ふことがある。

ハ、女兒には往々貞操上の問題を生ずる。

しかし其の効果も亦非常に多い。

イ、友情・共同・親切の心を養ふこと。

ロ、教師と兒童との眞の接觸が出來る。

ハ、實地に臨むことによつて確實な知識深刻な印象を與へる。

ニ、愛鄕心なり愛家心なりは家をはなれ、鄕里をはなれて初めて養はれる。

私は一昨年自分の卒業させた尋常科の男女兒童の六年生になつた五月の末、他級の六年生全體と、二泊の伊勢參宮旅行を行つたことがあるが、その途中の喜びといひ、皇太神宮參拜によつて受ける深い心情といふものは、容易に叙べ得ないほどのものであつたと感じた。歸校後兒童の日誌を見ても、その印象の深刻さが十分にわかるのである。旅行も土地を選び、方法上の工夫を十分にし、且つ實施上萬遺漏なきを期すれば、教育的に極めて有効な生活の一つであるといへる。

十六、運動會、競技會、體育會

學校に於ける運動會、競技會、體育會等は身體の養護の立場から行ふのが主たる目的であるから、その折に述べることにする。

十七　趣味の會

これは定められた學習や、訓練等の爲めに行ふといふよりも、學校生活にゆとりをつけ、子供の自由な態度の中に、趣味を養ひ、情操を陶冶しようとするものである。

其の例を擧げて見ると、

1、新年のカルタ會。
2、雛祭　（三月三日）
3、五月の節句　（五月五日）
4、七夕祭　（七月七日）
5、月見會　（九月の滿月の夜）
6、誕生祝　教師又は兒童の誕生日に心ばかりの祝を兼ねて或は學藝會や、會食などをすることである。

7、學校記念日の餘興等

これも其の內容に精選を加へ、其の方法を十分工夫するならば、子供の生活を自然的ならしめ、知育に偏した今日の敎育に一點のうるほひを與へるものである。社會的慣例と一致する上からいつても喜ばしいことに相違ない。

十八、夏季休業

1、夏季には一ヶ月乃至四十日位の最も長期の休業をとるのがきまりであるが、時は一年中で最も暑い時季ではあり、俗に避暑休暇ともいはれる。此の長期休業を單純に休業として兒童は家庭で自由に解放され、敎師も學校から解放されるといふことは、次第に少くなつて行くようである。少くとも休業中に二回位は學校に召集して、家庭作業の檢閱や指導をしたり、生活上の注を與へたりしてゐること、豫め學校の學習事項を印刷するなりして、休業中の學習を詳細に指導することがある。最近では夏季聚落として、或は海岸に臨海敎育を行ひ、或は森中や高地に林間敎育をやるなど頗る意味あることが行はれるやうになつた。外國などで虛弱兒の爲めに、特にかうした試みが加へられてゐるといふことを十數年前によく紹介されたことを知つてゐるが、今や我が國にも、ボツ〳〵それが實施せられるやうになつたのは、如何にも喜ばしことである。これは單に身體の虚弱な子供の爲めばかりでなく、一般的に普及されたいことである。たゞその爲めには相當の經費を要することを第一として、衛生上の周到な注意と、行屆いた監督の下に行はれねばならぬことである。

2、夏季休業は敎育上どういふ意味があるかといへば、勿論避暑をするのではない、平素學校内に於て、學科の學習に專心してゐるのであるから、もつと實際的の生活によつて、生きた經驗を多方面にさせる爲めに行ふべきものであらう。所謂夏休みの敎育的意義については日田主事は「學校と家庭」に次のやうに述べられてゐる。

夏休みが近づいて參りました。暫らく學校を閉ぢて、お子様方の敎育は、一時御家庭にお返しすることになります。

「夏休は勿論、暑くて學校の稽古が出來難いから休むのでありますが、そればかりではありませぬ。暑くて稽古が出來難いからといふのなら、一等幼弱な幼稚園や小學校の兒童が一等長く休まなければならぬ譯であるが、實際はあべこべで、幼稚園や小學校の休が一等短くて、中等學校、專門學校、大學と進むに從つて、益々長くなつてゐる。そこには何か譯がありませう。

思ふに今日の學校では、どんなに氣をつけましても、本來の組織上團體教育をしてゐますので、一人々々のお子樣方の要求を十分に充たすことが出來ませぬ。例へば或る方は、特に算術が出來ないからといつて、その方だけ、他の教科の教授を減じて、算術を多く教へるわけにも參りませぬ。又或る方は身體の虛弱なのに多少の困難はあつても、或る程度までは、他の方と一緒に步調を合せて參らねばなりませぬ。又或る方は身體も强壯で、何れの教科もよく出來るとしても、その方だけ獨りずん〳〵先へ先へと進ませる譯にも參りませぬ。日々の教育にはかゝる點につき、成るべく個人個人の特別の事情を斟酌して參りますが、十分徹底的には出來ませぬから、積り積れば、いつかその總決算をして、各自の個人的要求を、十分に充し得る教育をせねばなりませぬ。卽ち學校教育は一時中止しても、この總決算をせねばならぬ時が參ります。毎年の夏と冬との長期休業は、この總決算を爲すべき時であります。

から考へて參りますと、日頃澤山の講義をつめこまれて自分からの研究や實習を缺き勝ちな上級の學校ほど、この總決算の爲めに長期の休業を要するわけがうなづかれます。このことは多少の差こそあれ、小學校に於ても同様であります。お子様の教育上、當然しなければならぬ事で、學校では十分出來兼ねることが多々ありませう。かゝることを此の間にしていたゞかなければなりませぬ。そこで一律には申されませぬが、

一、學校ではとかく、教師についてすることが多くなり勝ちでありますから、休業の中は學校の事は勿論、その外の事でも、成るべく自分で工夫し努力する様に仕向けて戴きたい。

二、上級の兒童は勿論、一般に出來るだけ御家庭の手傳でも、その他何でもよいが、眞

面目な作業の實習をさせることはよいことではないかと思ひます。
三、お體の虚弱な方は、何處か新鮮な空氣の中で、土に親ましめ、日に親ませて、强壯なお體に錬ひ上げてほしいものです。
四、お體の强壯な方には避暑も海水浴も强いてさせなければならぬ必要はありますまい。九月始に又學校に集つた時に、何處か行つた話でもしなければ、肩身を狹く思はせる樣な虚榮心は持たせたくないものと思ひます。
五、學校の課業は、毎日課を定めて、朝夕の凉しい内に復習なり豫習なり、さして戴きたい。復習も一通り出來、お體も强壯な方は、更に進んで、課外の讀物でも、日誌の記載でも、博物の採集でも、其の他適當な勉强をさせて戴きたいものです。」(學校と家庭第二號)
3、夏休み中には學業の復習をさせる爲めに、日々の仕事を細かに書いた印刷物を與へることがある。其の熱心には驚かされるほどで、私なども嘗て屢々これをやつたことがある。全然放任した無指導に比べると、有効だといはねばならぬが、子供の生活の實際を見てゐると、やはり休みの初め珍らしい中に大分部濟ませて、後は遊ぶとか、又は最後の數日に萬事片附けるやうなものであつて、教師の思つた通りには、中々参らぬものである。あまり細かく刻んだものを與へても、畢竟そんなことになつてしまふ恐れがあるから大體を幾つかに纒めて與へた方がよいやうである。

4. 夏休みの濟んだ後、休み中の生活を知る爲めに、日誌や、其の學習の成績品や、採集物製作品などを持ち寄らせて、簡單な展覽會を催すことも、有効な方法の一つである。兎も角子供に何事かを命じた以上は、必ず其の結果について教師が目を通す機會を設けねばならぬ。やりつぱなしの課題ならば、出さない方がよいと私は考へてゐる。これは日常の宿題などについても全然同様だと思ふ。

5. 本年の夏私は尋常一年の擔任であつたので、夏休み前に、次のやうな印刷物を與へて、家庭にもその考へを傳へて置き、子供も夏休み中の私の動靜についてよく話し聞かせて置いた。そしたら可愛い手紙が、郷里の方や、自宅宛に澤山に屆いた。

それは九月になつて皆持つて行つて、それをすべての子供に見せてやつた。決して手紙の催促をするのではないが、生活指導の一端だと思つてゐる。

○お知らせ

いよ〳〵第一學期末になりました。學期末の行事は左の通りです。

十四日(木)　授業は本日限り

十五日(金)　學藝會(學級別)

十六日より
十九日まで　休業(兒童だけ)

二十日(水)　終業式　(但し一年生だけは成績通知表を渡しません。)

七月二十一日より八月三十一日まで四十二日間夏季休業となります。九月一日は午前八時から始業式を行ひます。

休業中は身體の保健を第一義としたいと思ひます。けれども一面にはすべての生活にきまりをつけ、だらしのない習慣を生じないやうにすること、短時間（朝の間）でよいから毎日一度は机について學習することは必要だと考へます。どうか以上の要領を以てこの休業に意義を持たせて下さい。

（切取線）

ナツヤスミ中ノココロエ

一、アサハヤクオキ、ヨルハヤクネルコト。

一、マイニチ一ドベンキヤウスルコト。

アサガヨイ）―（ガクカウヲワスレナイ。）

一、オトウサマヤ、オカアサマノオイヒツケヲマモルコト。（コレヲツクエノマヘニハルコト）

（私は七月二十五日から八月十五日まで郷里福岡縣三潴郡荒木村に歸省します

（切取線）

一、コノヤスミ中ニ
◎ニツキヲツケタイヒトハ、ナルタケマイニチツケテオキナサイ。九月一日ニ
ワタクシニミセテイタダクト、ヨロコビマス。
◎ナガイオヤスミデスカラ、一ドハセンセイニテガミヲオダシナサイ。オモテ
ハカイテイタダイテモヨイデセウ。ワタクシノウチハ
東京府下巣鴨町宮下一、五七七
鹿　兒　島　登　左

十九、冬季休業

冬季にも年末と年始にかけて各一週間ばかりの休業を爲すことになつてゐる。夏季休業を避暑休暇と稱する如く、避寒の爲めの休みであるやうに言はれないこともない。勿論寒さの爲めの休業といふ一つの理由はたしかにあるに相違ない。しかし冬季休業の教育的意義は、既に夏季休業について述べた通りであつて、學習上、日常の學校の稽古とちがつて、自發的に自由な學習を爲させる機會を與へると

同時に、今一つは年末年始といふことは、社會の慣習から見ても、いろ〳〵の家庭的、社會的の生活があるのであるから、それ等の方面の實際の生活をなさしめるといふことも含まれてゐると思ふ。一般に正月三日は業を休んで新年を祝ふのは恒例であつて、國家的にもその意味は十分に現はされてゐる。だから此の休業は、夏季休業と多少趣を異にして、これ等の家庭的、社會的の慣例の中に樂しく生活せしめるのが第一であつて、宿題らしいものを出すとか、日々の課題を與へるとかいふことは、特別な事情のない限り避けた方がよいと思ふ。そして其の生活の中に廣い有益な學習をなさしめることは、最も意義あることとである。

二十、始業式、終業式、入學式、修業式、卒業式

1、始業式と終業式とは、各學期の初めと終りに學校の行事として行はれるものであるが、全兒童の始業式なり終業式なりの後に、必ず學級として、その趣意を發揮するやうに、學級擔任は工夫せねばならぬ。

始業式には其の學期の學習の方針、學級生活の方針を明確にすべき機會である

から、學級擔任はよい加減なことや、無計劃なことで子供を歸してはならぬ。學習のことと訓練のこと、身體のこと、その他特殊の事項につき十分考慮したものを以て學年相當に一時間乃至三十分位の程度で話して、その趣意は謄寫刷にして父兄にも配布するがよい。

終業式は其の學期の成績を多方面から反省すべき機會となるものであるから、學習の成績を主とし、訓練、身體、其の他特殊の事項について、統計に基いて一般の狀況を話して聞かせるがよい。その上で成績通知表を各兒に渡すと、其の一般の狀況と比較對照して自己の成績を自覺することが出來るであらう。尚此の際行ふことが次のやうになる。

イ、特別の兒童に對して、餘り人目に立たぬやう、個別的に注意を加へること。
ロ、特別の事情ある場合は、其の兒童の保護者を學校に呼出して、協議をなすこと。
ハ、終業式の後には休暇がある例であるから、その休暇中の生活心得について話すこと。

2、入學式・修業式・卒業式は、學校生活に於ける一大區劃を爲す時期であつて、兒童の腦裏に强い印象を遺すのみならず、保護者としても、我が愛兒の敎育について、深く考慮する機會である。故にこれを敎育的に利用せねばならぬことは言ふまでもない。

入學式は子供の學校意識を明かにし、敎師に對する關係を結合せしめ、いよ〳〵學校の兒童となる新しい喜びと、希望とを與へるものであるから、成るべくその心持ちを深からしめるやう考察されねばならぬ。學校長は勿論、新入學兒童の擔任者は、此の喜びと希望とを具體化する方法について十分の工夫と準備とを講ぜねばならぬ。入學式は兒童の入學式であると同時に、保護者と學校特に校長及擔任者との新しい睦みとなる場合であるから、保護者に學校學級の敎育精神が理解されることを第一として保護者に對する講話も準備もなければならぬ。本年の尋常一年の入學式當時に、初めて入學式後直に校庭と兒童・保護者・敎師の記念撮影を行つたが、これは極めてよい記念であり、企てゞあると信じてゐる。今も敎室に揭げられてゐるが、此等の子供が六ケ年の後當學校を卒業する場合には、さぞ感慨も深いことであつて、敎師も父兄も、子供も眞に一生の好記念であらうと思ふ。

修業式や卒業式は、一ケ年又は六ケ年の修業を終了して、一面には生活の終了であると。同時に、更に第二の生活の入門を兼ねる時期である。修業式は格別な印象もないけれども、卒業式に至つては、入學式と共に、一生忘れ難い一つの記念である。在學中は自分の學ぶ學校について却て深い意識がないものであるが、今や卒業して本校を去り、敎師にも別れようとする場合に臨むと、どんなものでも、自分の學校が思ひ出され、敎師に對する謝恩の情も自然に浮ぶものである。此の心持といふのは極めて尊いものであるのみならず、將來の自己の方向についても、子供相應にはつきりした意識を呼び起すに相違ない。かゝる際に與へられる敎師の最後の敎訓なり、他の人々からの祝意といふものは、よく腦裏に刻せられるものである。

尙卒業式には、入學常初からの成績物を整理して陳列することが、一層此の思ひ出を深刻ならしめるものであると思ふから、尋常一年の際に準備した成績袋から、以後全部のものを持ち寄らせることが、一つのよい工夫であらう。

＊編集上の都合により、底本３７６～５７８頁は削除した。

昭和三年四月十日初版印刷
昭和三年四月十五日初版發行

生活指導學級經營の理想と實際〔奥付〕

定價金參圓貳拾錢

不許複製

著作者　鹿兒島登左

東京市京橋區入舟町五丁目一番地
發行者　藤原惣太郎

東京市京橋區南八丁堀三丁目十番地
印刷者　山崎治兵衛

發行所　東京市京橋區入舟町五　振替東京一八五一三番　明治圖書株式會社

賣捌所　東京　林六合館　大阪　合資會社　柳原書店
名古屋市　川瀬書店　久留米市　菊竹金文堂　佐賀市　大坪惇信堂

（製本部……關根・中條・製本）

〔明治圖書會社印刷部　七星社印刷所〕

学級論

學級論

佐藤熊治郎

一

最近漸く教育社會の注意を惹くようになつて來てをる問題の一つは學級及び學校經營の問題である。昨年來敎育雜誌の中に學級及び學校經營と題するものが現れてをるが、著作として最も新しいものは北澤氏の學級經營論であらう。自分は是等の著作にも雜誌にも眼を通す暇を得ないので此の問題に對する一般の傾向がどんなものであるかを知らないが、それには拘りなく主として學級を問題とする時にどんな事が硏究されなければならぬか其の範圍の大體を考へて見るつもりである。それに就て第一に探つて置きたい事は學級を硏究の對象とする意味が何處に存するかと云ふことである。

學校教育が或意味に於て學級を單位として行はれる以上學級の如何なるものであり、又如何にあるべきものであるかを究めなければならぬことは云ふまでもないが、併し學級經營が新に教育社會の注意を惹くに至つたとすれば、他にもつと强い動因をなしてをるものがなければならぬ。實際の如何に拘はらず自分は今日の社會的國民的生活の情勢が之を要求してをるのであると考へたい。

我々が四十乃至六十の子供を引受けて教育する場合に第一に我々の責任として感ぜられることは個々の子供の教育である。此の個々の子供は發達の途上に在る小さい人格である。他の冒すことを許されない獨特なものを具

189

へてをる未成の人格である。此の未成の人格をして其の本質を成さしめることが我々の責任であり、之をあるべき情態に到達せしめることが我々の責任である。然るに眼を個々の子供につけた場合には凡てが獨立の人格であるが、此の人格の生活は現在に於ても將來に於ても、身體的にも精神的にも、他の多くの人格と結合して到底引離すことの出來ない關係に置かれてをる。であるから子供を個々の獨立の子供として觀ただけでは其の人格の一面のみを觀て他面を閑却したことになる。共同生活の中に結びつけられてをる獨立の人格として觀た時に始めて之を全面から觀たことになる。繰返して言へば其の心身兩面の統一から出來てをる天稟中に個人的と社會的の兩面が含まれてをり、其の伸びる方向が此の兩面を指してをると觀たときに始めて子供を發達の途上に在る未成の人格として觀たことになる。學級の研究は今日の社會的國民的生活の情勢から要求される問題であると言つた意味もこゝに存するのである。

與へられた子供の天稟中に既に個人的社會的の兩面が具つてをり、人間であるが爲にはといふ要求にも常に此の兩面が含まれてをるが、思想に於ても實行に於ても此の兩面の孰れかに傾き易いことが歷史あつて以來の事實である。自分等の共同生活が他の爲に脅される場合にはそれまで緩んでゐた結合の紐が自らひきしめられることになるが、さもない場合には個人的方面に傾くのが世の常である。とりわけ大きな事變の爲に共同生活の秩序が弛んだり、經濟上の變動が起つたり、思想の上に動搖を來した場合には著しく個人主義に傾くことになる。而して教育と社會の出來事は常に相互に影響し合うて離れない。社會が靜かに穩かに生活してをる際には社會の傳統の方が勢力を占めて教育を支配することが多いが、社會の動搖してをる時には教育の方から社會に方向を與へようとすることになる。世界大戰後に現れた獨逸の教育思潮の中には共同生活學校を標語としてをるものがあり、能產學校を標榜してをるものがあり、戰前から問題になつてゐた公民教育も一層高調されてをるが、其の凡てに共通な基調となつてをるものは共同生活に依る共同生活にまでの人格教育である。獨逸の革命後の社會生活國民生活が戰前以上に此の方面に努力する必要に迫られてをるのである。此の點は我國とても同樣である。上に萬世一系の皇室を戴いてをり、國家として世界に類例を觀られない歷史を有してゐても、それが爲に懈怠の心を起すことを許されない。對内的にも對外的にも一層共存共榮の精神を涵養する急務に迫られてをる。文部省が青年訓練所の制度を設けて補習教育に力を注いでをるのも、既に開始された普選の對策として政治思想を養ふことが根本的の旨趣ではあるまい。兵役の短縮に策應することが其の本旨でもあるまい。それもあつてよいかも知れないが寧ろ根本精神となることは大小の共同生活に對する情意を培ひ知識を啓發することでなければならぬ。此の目的を果す爲に學校教育を早く終つた國民の子弟の大多數に補習教育を施すことも大事であるが、それにも增して大事なことは學校教育の全系統を此の精神で貫かしめることである。卽ち初等普通教育に於ても最初から子供を個々獨立の子供とのみ觀ないで、社會と結びつけられてをる小さい人格と觀、社會的の思想・感情・意志を陶冶することが我々に課せられた重い責任であるといふ考で進まなければならぬ。此く考へた時に子供の共同生活である學級が子供の發達に取つても、之を助成する我々に取つても重要な意味を含むことになる。子供を個々に離してのみ觀る場合には、學級は個々の子供の人格的發達に對する消極的積極的の影響の上からのみ考へられることになり、目的に對する手段とのみ解されることになるが、子供を社會と不可分離のものと觀る場合には、個々の子供と相待つて全體としての學級が我々の着眼の主點とならざるを得ないことになる。卽ち此の共同生活團體を言はゞ二つの中心を含んでをる楕圓の如きものと解し得ることになる。

二

子供等の共同生活である學級は個人同樣に個性の所有者である。個人の個性が十人十色であるように、學級といふ生活團體の個性もそれ〴〵色彩を異にしてをる。佐藤の學級と齋藤の學級、高橋の學級と鈴木の學級は遊ぶことに於ても學ぶことに於ても作業することに於ても何處かに違つた生活形式を現して居る。構造心理學の語を取つて之を學級の構造と呼ぶことも出來る。學級の構造卽個性に最も能く心づくものは多くの學級に關係する專科の教師である。專科の教師には單に行儀が良いとか惡いとかいふ外形上の事だけではなく、甲乙丙の學級が何處かに違つた個性を具へてをることが意識せられる。個人の場合同樣此の個性の基礎をなして居るものは全體としての情意である。要素に分析することだけで個人の個性を捉へ得ないように、學級の個性も之を組織してをる個人々々に分析するだけでは見拔かれない。どちらにも分析の手の屆き得ない統一的なものが基礎をなしてをる。此の統一的なものを捉へさせるものは分析的な認識作用よりは寧ろ自己の體驗を基礎としての理會作用である。專科の教師の眼に單に各學級の外形上の相違だけが映る場合、又は言葉には現し得ないが何處かに色彩の違ふものがあるといふ場合には未だ學級の個性を讀み拔いてはゐないのである。全體の上に現れる行動を手がかりとして其の內部に動くものゝ方向を捉へるに至つて始めて學級の個性を捉へ得たことになる。學級の個性を捉へることは個々の子供の個性を捉へることゝ相待つて極めて重要なことであると思ふが、我々の間には其の修練が缺けて居り、多くの場合全然閑却されてをる。學級を研究の對象とする者には之も考へなければならぬ一つの肝要な問題である。

個人の間に個性の顯著な者と否らざる者とあるように、學級の個性にも此の相違がある。概して言へば大きな學級よりも小さい學級の個性が顯著である。學級に部屬する者の頭數が多ければ多いほど其の結合の紐も緩く、從つて全體としての特色も鮮明であり得ない。であるから新に他から加はる者によつて起る變化も大學級と小學級と同樣ではない、六十名の學級に新に十名加はつて起る變化に比較すれば、三十名の學級に十名加はつたことによつて起る變化の方が遥に大である。子供幾人を以て一學級を組織するを適當とするかの問題は、單に學習を指導する上からの問題ではなくて共同生活との關係を離れることの出來ない人格を陶冶する上からの問題である。學習を指導する上の都合よりも寧ろ此の方が一段重きを爲すことである。

子供の量よりも一層學級の個性に影響を及ぼすこと大なるものは其の質である。學級部内に小さい哲學者も居れば詩人もをり、科學者もをれば音樂家も居り、强情な者も居れば溫順な者もをり、ひやうきん者も居れば沈默家もをり、それ〴〵個性の鮮明な者が雜つてをる塲合と、ごれを觀ても團栗の脊較べである塲合とでは全體としての個性も大に趣を異にする。學級擔任者に歡ばれるものは恐らく後者でなくて前者である。(幾回にわたるか見當がつかないが今後連續して述べて見る心算であります。)

*

*

學級論（承前）

佐藤熊治郎

三

前號に於ては學級を研究の對象とする意味の那邊に存するかを問題として、要するにそれは個人と社會との關係が相卽不離のものであることから起ることで、個人を個人としてのみ發達せしめることが教育の任務ではなく、寧ろ社會の一成員としての人格を成さしめることが主眼であり、さすれば學級は個人の人格陶冶の手段であると共に、それ自身目的當體でもあると觀らるべきものであり、而して現代の如く一層共存共榮の精神、社會連帶の精神を涵養する急務に迫られて居る時代に於ては、學級を教育の目指す目的當體と觀て取扱ふことが極めて肝要であるといふに歸着したのである。

我々の此の歸結に對して次の疑問を挾むことが出來る。學級といふ生活團體は一時的のもので永續的のものではない。卒業の時期を以て解體するもので、解體後の個人々々の立場から觀れば要するにそれは一時の手段に過ぎないものではないかと。けれども目的を何に置くべきかを定める場合に一時的とか永續的とかいふ時間的の條件が重きをなすわけではない。縱令一時的でも團體としての生活内容が重要な意義を含んで居る場合には、此の意義によつて團體生活其のものも目的であると觀られなければならぬ。若し時間的の條件のみで個人が目的である、團體生活は手段に過ぎないと決定し得るなら、個人と國家の關係に於ては、國家が目的で個人は其の手段に過ぎないと結論せざるを得ないことになる。蓋し此の場合に存續するものは國家で、個人は代を追うて次から次へと變つてゆくからである。

前に述べた意味で學校教育に於ては個々の子供と共に學級其のものが教育の對象であり、而して學級は個人同樣個性の所有者であることを述べたのが緒論としての前號の要點である。與へられた事實に基づいて此の個性の類型を描いて見ることが學級研究に取つて一つの重要な仕事(今迄のところでは我々の間に全く缺乏してをる)であるが、之と共に學級を如何にあらしむべきかを究めることが肝要である。哲學者の語をかりて言へば存在の問題と共に當爲の問題を究めなければならぬ。當爲は存在の向つて進む方向を語るものであるから、存在に卽せずしては空なものになるが、存在とても方向を示す當爲に待たずしては盲目なものになる、其の間の關係は恰もカントが直觀と概念の關係について言つたものと同樣である。

學級は一種の社會であり團體であるから、學級を如何にあらしむべきかを考へる爲には、其の前提として學級はどんな性質を擔うてをる共同生活であるかを明かにしなければならぬ。共同生活には家族を始めとして、地理的歷史的に繋がれをる鄕黨部落があり、法的に結合されてをる市町村自治團體があり、利害を共にする職業團體があり、敎育や學術技藝の團體があり、政治の主義で結ばれてをる政黨政派があり、是等一切の團體生活の上に立つ國家があり、國家と國家又は國民と國民の相關である全人類もある。今是等の團體生活を相互に他から區別する時に、其の區別の據所となることは何であらうか。一見した所では甲乙丙の團體がそれ〴〵其の屬員を異にする事が既に區別の一特徵となるやうに思はれるが、併し此の種外形上の事が區別を立てるについての本質的特徵にはならない、或團體生活を組織してをる屬員の全部で更に別種の目的を持つ團體生活を組織することも可能であり、又事實としても存することであるからである。教育を目的として出來てをる團體が、それとは直接何の交渉もない互助法で別箇の團體を組織してをるが如き其の一例である。

屬員が同一でも教育團體と互助法の團體とは全く別種のものであるといふ事の中に既に區別を立てるについての一特徴が示されて居る。彼と是とは其の團體生活を組織してをる目的を異にしてをる。之を一般的に言へば團體生活の內容をなしてをる價値が甲乙の間を區別すべき本質的の一特徴になる。此の見地から多種多樣の團體生活を眺めて見ると、大體局部的の價値を其の生活內容とするものと、價値全體を包擁するものとの二種に別れる職業團體政治團體の如きは甲に屬するもので、家族及び國家の如きは其の本質上乙に屬すと觀らるべきものである。

團體の生活內容の外に、團體の成立するに至つた其の根源も亦區別を立てるについての一視點になる。學者は此の見地から見ての區別を或は人爲的と自然的、或は合理的と非合理的等色々に立てゝをる。かく區別した場合に大體人爲的は合理的に、自然的は非合理的に合致する。或團體が理知的に組織されたものである場合に之を人爲的とも合理的とも呼び、理知よりは寧ろ本能とか衝動とか感情とかいふものが結合の最も大事な紐をなしてをる場合に之を自然的とも非合理的とも稱するのである。人爲的に理知によつて團體の組織される場合には一定の目的と之を實現するについての方法が立案され、屬員の凡てが此の目的に關係する範圍に於て團體の爲に自己を獻げなければならぬことになる。職業團體でも政治團體でも教育學術技藝等に關する團體でも凡て此の部類に屬することは贅說するまでもない。自然的非合理的要素で結合されてをる團體生活の模範的なものは家族であるが幾家族の結合である群族、幾群族の結合である部族、幾部族の結合である民族、民族と民族の結合から發達した國家も亦其の成因に溯れば人爲的に作られたものではなくて自然的に出來上つたものである。テンニースといふ學者は人爲的に結合した團體生活をゲゼルシャフト、自然的に出來上つたそれをゲマインシャフトと呼んで區別

してをるが、邦語の中に之を表すべく適した語を見出しかねる。こゝに注意を要することは團體生活を右の如く人爲的と自然的又は合理的と非合理的とに別つことは其の成因に溯つて觀た上で之を類型的に區別する爲に理想化したもので（恰もスプランガーが六種の生活形式を立てゝをるように）實際の團體生活は寧ろ兩面の混淆してをるものであり、そのいづれかゞ重きを占めてをるといふに過ぎないものであることである。現に男女が結合して家庭を組織する場合にも、必ずしも自然的の要求のみに促されて結合するわけではない、寧ろ多くの場合理知も加つてをり、時には理知の勝つことも珍しいことではない。のみならず其の始め合理的に成立した團體生活でも發達につれて非合理的のものに變化し、尠くも此の方面の要素が多分に加はり、反對に非合理的に成立した團體生活でも漸次合理化されることも事實である。

第三に區別を立てるについての視點となることはどんな方法によつて團體生活の秩序が保たれてをるかと云ふことである。事實に照して類型を描いて見れば、國家の如く絕對的の拘束力を具へてをる法によつて其の屬員を支配するものと、家族の如く慣習や傳統が自ら其の屬員を支配する規範となるだけで、客觀化された拘束力を具へぬものと、規約を設けて屬員を支配するが入るも出づるも個人の自由意志に任すものとになる。けれども眼の前の事實を此の見地できつぱり區別することは困難である、家族とても家憲を立てゝ其の屬員を支配するならば國家に近いものになり、國家とても國籍を脫することを望む者の自由意志を拘束し得ない點では規約に依る團體生活と其の軌を一にすることになる。

團體意識の深さと廣さも區別を立てる場合の一視點になる。勞働階級が資本階級に對して自分等の利益を保護する爲に團結する場合には、此の目的に關係する限に於て其の結合力が鞏固であり得るが、其の團體意識は此の目的に局限されてをる。反之全人格を獻げて結びつき、全價値の方向を取つて結びつくものは家族である。兩性相待つて始めて一人前の人格を成すと言はれて居るが、其の間に子供が挾まることになれば一層其の結合が深くも廣くもなる。團體意識の深さに大なる關係を有することは屬員の數である。概しては數の增大するほど結合力が微弱になるが、併し之を凡ての場合に當てはまる一箇の法則と觀ることは出來ない。屬員の加つたことに刺戟されて一層結合力の鞏固となることはありふれた事實である。

更に團體生活を一時性のものと永續性のものに區別することも出來る。勿論截然と其の分岐點を定めることは出來ないが、併し尠くも團體生活が個人限で止むものと屬員である個人は變つても團體としてなほ存續するものとを區別することは出來る。家族や國家の如きは後者に屬し、學友としての團體生活の如きは前者に屬する。

右の外團體生活が個人の立場から言つて自發的に成立する場合と强制的に組織される場合を區別することが出來、最後に屬員の間の關係が上下の階級又は統率者と被統率者若くは指導者と被指導者の關係で編制される場合と全然此の種の編制を缺く場合を區別することが出來る。今以上に述べたことを視點として學級といふ團體生活を眺めた時にどんなことがそれに固有な特徵にならうか。

四

就學の年齡に達した子供が父兄に手をとられて學校に集れば、學校は其の一定數を一人の敎師に擔當せしめ、豫め割當てゝある敎室に收容するに至つてこゝに學級が成立したことになる。かくして成立した學級は其の當初に於ては個々の子供の偶然的な集合に過ぎない、そこには子供相互を內面的に結合せしむべき何等の紐も存しない。群衆が偶然に一かたまりをなす場合でさへも何等か一般の注意を集注せしめる中心點が存するが、成立當初の學級にはそれさへも缺けてをる。「今日から學校」といふぼんやりした意識はあつても、其の意識が子供相互を結びつけてをるわけではない。恐怖心に襲はれてをる者、わけもなく笑みを湛へてをる者が偶然一かたまりをなしたに過ぎない。而も其の一かたまりをなすに至つたのは子供の自發性から出てをることではなくて他の强制によつてなされたことである。成立當初の學級は强制的に組織された團體生活である。

此の團體生活に從屬する個々の子供を外部から眺めれば孰れも教育を受けるといふ目的を持つてをる。けれども大人が理知的に一定の目的を目指して結合する場合とは違つて、教育を受けることを目的として自覺的に團體生活を組織するに至つたわけではない。卽ち成立當初の學級は目的によつて結合された團體生活でもない。

此の團體生活には成立の瞬間から既に指導者と被指導者の關係が出來てをる。子供相互の間には殆ご之を內面的に結びつける何等の紐も存しないが、教師と子供との間には內面的に或關係が出來てをる。父兄の手を離れて與へられた坐席についた子供は教師の指示すること言ひ聽かすことに順應する。恐怖心に襲はれて容易に父兄の手を離れない子供でも、其の恐怖の爲に教師に順應しない點で消極的に教師との關係に置かれてをる。

かくて成立當初の學級は僅に教師の采配によつて團體生活の形を保つのみで時間的空間的に同在する以外には殆ど一般の團體生活に觀る要素を缺いてをる。外部から觀れば教育を受けて人格としての發達を遂げることが其の屬員の目的であるから、目的によつて結合された合理的の團體生活であり、局部的の價値ではなく全價値を生活內容とする團體生活に映ずるが、子供の意識情態から言へば殆ご定形を具へぬ小さい人間の一かたまりに過ぎない。けれごも之はほんの一時的のことである。休暇の日を除いては毎日時間的空間的に同在して學ぶことを共にし遊ぶことを共にしてをる間に、相互に影響し合うて學級としての團體意識を生ずることになり、此の學級意識から更に學級精神が發達することにもなる。學級がどんな學級精神を擔ふことになるかは指導者の位置に立つ教師の人格と其の取る方法並に學級を組織してをる個々の子供の個性に與るが、其の外にも尙ほ多くの因子が之に加はることになる。孰れにしても其の始め殆ど無定形のかたまりであつたものが、漸を追うて意識的に學習を共にする勤勞の共同生活團體になり、共々に喜んだり笑つたり、しよげたり怒つたり、恨んだり悲んだりする非合理的の情意の生活團體になる。此の團體意識の深さも廣さも血族の關係で繫がれてをる家族の如くにはあり得ないと共に、子供の發達につれて動搖を來し易く、時には内的又は外的の原因から分裂を來すこともある。教育の任務は個々の子供をして人格としての發達を遂げしめると共に、學級意識を健全な學級精神に高まらしめるに在る。然らば學級意識は何を意味し、それが學級精神に高まるとは何を指すのであらうか。(未完)

*

*

學級論（承前）

佐藤熊治郎

五

就學の年齡に達した子供が學校に收容されて一人の敎師の下に學級が組織されゝば形の上では一箇の共同生活團體が出來上つたのであるが、併し其の當初は縱令敎室を共にし、學ぶこと遊ぶことを共にしても、單に敎師にあやづられて行動を共にしてをるだけで、そこには子供等の內的生活を結びつける何等の紐も存しない、其の實質に於ては子供等の單なる集合であつて有機的の共同生活團體ではない。けれども日を重ね月を重ねる間に何時とはなしに個々の子供の單なる總和以上のものが成立する、自分といふことの外に自分達といふことが其の意識の中に出來上つて來る。先生は自分達の先生であり、敎室は自分達の敎室であることになる。遊ぶ場處にも遊戲の道具にも凡て自分達といふことが結びつくようになる。先生に約束された遠足日は自分の遠足日ではなくて自分達の遠足日であることになる。此の自分達といふ一語の上に既に共通の思想感情意志が表れてをる。假に學級を一箇の人格と觀るなら、此の人格の思想感情意志の根源をなしてをるものは言ふまでもなく個々の子供のそれであるが、併し全體としての思想感情意志は個々の子供の思想感情意志の單なる總和ではない、寧ろ新にそれ以上のものが成立したのである。我々は其の類比を一篇の詩に求めることが出來る。語を連ね句を重ね節を繫いで出來てをる詩には分析により切離された個々の語句個々の節の含んでをる以上の或氣分が漂うてをる。個々のものを離れては此の氣分とてもあり得ないが、さればとて之を個々のもの丶單なる總和と觀ることは出來ない、寧ろ個々のものが相互に持合つて自分だけでは表し得ないもの、自分以上の新な或ものを表してをるのである。であるから個々のものは全體に對して自己のわけまへを擔うてはをるが、此のわけまへを量的に集めたところで全體の上に漂うてをる或ものにはならない。此の或ものは量的のものではなくて質的のものであり、合理的のものではなくて非合理的のものである。同樣に學級としての思想感情意志を擔うてをるものは個々の子供であるが、個々の子供の思想感情意志を寄集めても質的の全體にはならない。質的の全體は個々のもの丶總和以上のものである。恰も個々の語句個々の節が相互に持合つて全體としての氣分を漂はしてをるように、一學級を組織してをる子供も相互に影響し又影響されて、個々の子供の上には觀られない獨特の性質獨特の活動方向を取ることになるのである。であるから共同生活團體（社會）を獨立の物的心的の存在と觀る觀方さへもある。けれども此の種の經驗を飛越えた形而上學的のものを問題とするには及ばない。經驗上の事實に立脚する限り個人の思想感情意志を離れて全體としての思想感情意志が存するとは考へられない。たゞ個々のもの丶上には見られない或新なものが存するところから之を超個人的とは言ひ得るのである。個人以外に獨立する物的心的の存在としての社會は超經驗的であるが、個人の有機的結合から出來てをる社會は超經驗的ではなくて超個人的である。此の超個人的なものを團體意識と呼ぶことは妨げまい、前號に學級意識と言つたものは之を指してをるのである。

六

子供等の間に自分達といふ語が使はれるようになり、學校に於て意識的に無意識的に仲間との共同生活に結び

135

つけられるに至つて此に學級としての思想感情意志の方向が出來たのである、我々は之を許さるべき術語として

學級意識と呼んで置く。學級意識は學級を組織してをる個々の子供を離れてはあり得ないが、同時に個々のものゝ總和以上のものである點に於て超個人的のものである。此の超個人的の學級意識から同じく超個人的な學級精神が發展することになる。どんな意味に於てゞあらうか。

精神といふ語は其の使ひ樣に就て觀ると我國でも外國でも二樣の意味を含んでをる、一は主觀を指してをる場合で他は客觀を指してをる場合である。主觀を精神といひ主觀内の作用を精神作用と呼んでをることに就ては贅說を要しない。此の使ひ樣に於ては精神はやがて意識を意味して其の間に何の區別もつかない。精神といふ語が客觀を意味する時に始めて學級意識が發展して學級精神となると言ひ得ることになる。

精神といふ語で客觀を意味せしめてをることも日常ありふれた事實である。「かくては敎育の精神に戻る」と主張する場合の如きそれである。敎育の精神と言へば或個人の主觀内に起る作用を指してをるのではなくて、敎育といふ客觀的な現象の意味を指してをるのである。裁判官が「法の精神に照して云々」といふ場合も同樣である。法の精神でも敎育の精神でも個的の主觀又は團體的の主觀によつて作られたものには相違ないが、併し其の意味の上に於ては之を作つた主觀に拘りなく妥當する性質を具へてをるものである。其の最も分り易い例は數學の命題や自然科學の法則である。比重の原理を發見したものはアルキメデスと聞いてをるが、アルキメデスに發見された法則は其の個的主觀に拘りなく客觀的に妥當する性質を具へてをる。同樣に三角形の内角の和は二直角であるといふ命題はユークリットの個的主觀には何の拘りもない客觀的の意味の世界である。道德法に至つては人間に對する要求を意味するので、自然法や數學の命題のように分り易くはないが、併し「己の欲せぬことを人に施すな」といふ道德上の規範は縱令孔子といふ一個的主觀の垂れた敎に過ぎないとしても、之を承認する者には前同樣の客觀的の意味の世界であり、孔子自身でも一個の私見を述べたつもりではなくて、天の道であると考へてをるのである。であるから學者の中には凡て此の種の客觀的精神に就て、個人の作つたものといふよりは寧ろ個人に發見されたものといふ方が適當であると言つてをる者もある。自然法や數學の命題については何の怪しむ所もなく之を發見と言つてをるが、法や道德については如何にも頷づきにくいことになる。けれども日常の用法に捉はれないで考へて見ると、物に關すると人に關するとの違があるだけで、其のいづれも自己に固有な法則を具へてをる。論理といふ語を廣義に使へば自己の論理を具へてをる。自己の論理自己の法則を具へて個的主觀に拘りなく妥當する世界であるとすれば、人間の勝手に作つたものと觀るよりは寧ろ發見されたものと考へた方が適切である。誠を天の道と信ずるものには、其の誠は比重の原理同樣個的主觀を離れて嚴然として人の世を支配する法則であり、之を發見することによつてのみ單なる人間が人格となり得るのである。學級意識が發展して學級精神となるとは其の共同生活の中に客觀的の意味の世界が成立するに至ることを指すのである。

七

學級が組織されて後時の推移につれて子供相互の影響と敎師から子供に及ぶ影響とによつて超個人的な學級意識が發生することになるが、子供等は此の意識を生活し此の意識の內部に生活するのみで其の超個人性のものが判然と客觀化されるには至らない。恰も空氣の中に生活して空氣を知らず、水を泳いで水を知らずの情態に在る。然るに心身の發達につれて漸く自分の生活してをる空氣に眼覺めるようになる。自分を支配して來た學級の習慣とかきまりとかいふものを自分と對立せしめて意識するようになる。それは畢竟自分の欲することが學級意識の爲に押へつけられたり、他の學級との關係から自分達を擁護し主張しなければならぬことが起つたり、學年の進む每に自分よりも弱輩な者がふえるので氣持の上で兄さん株になつたり、とりわけ指導の任に當る先生から事に觸れ物に應じて全體を目標にした或種の規範が示されるからであらう。かくして學級内の子供の生活關係を支配する習慣や規律が個々の子供と對立する客觀的の意味の世界となり、之を遵奉することに義務を感ずるに至つて此に學級精神が成立したことになる。

子供の幼い間は學級生活を支配する規範の殆ど凡てが教師から與へられるを常とするが、此の程度に於ては學級意識が存するのみで學級精神は表れない。守るべき規範が其の代表者である教師と表裡して離れない。先生の善いとし惡いとする事の中に善いこと惡いことを生活するだけである。此のうぶな生活情態を足場として純眞な學級精神を發展せしめることが學級主任に課せられた最も重い責任の一つである。子供の幼い間は教師の子供に對する身體的精神的の優越性が極めて大であるので、其の與へる規範の威力も大であるが、距離の減ずるにつれて規範の威力も減ずる。此の時代になつてもなほ規範を外部からおしつけることを主にしては、眼覺めかけた子供の獨立心に容れられぬことになり易い。規範が子供の情意に容れられぬ場合には、縱令外面的に子供を支配し得ても内面的の學級精神にはならない、寧ろ子供の反抗心を焚きつける桎梏に過ぎない。かくなつてはよしや動機に於て正しくても手段に於て不明の誹を免れない。であるから我々教師の役目は相互に影響し合ふ子供の生活をみつめて徐々に其の内部から全體を支配する純な習慣や規律を發展せしめるに在る。外から加へる手を控目にして自然的に内から伸ばさしめるに在る。言ふまでもなく筆にすることは易いが實行は頗る至難である。至難であるから大概は昔ながらの嚴格主義になるか、やりつぱなしの自由主義になるか、乃至人工に過ぎてやがて手を焼いて始末に窮することになる。けれども此の種の難關を切抜けること以外に教育者としての眞の手腕の用ひ所があらうともおもはれないから勇氣と忍耐を以て事に當らなければならぬわけである。

若し我々教師の指導宜しきを得て學級生活を統制する規範の王國が成立し得たとすれば、それがやがて教師から離れ、個々の子供から離れて妥當する客觀的精神であり、個々の子供の人格が其の影響を受けつゝ社會人として發達することになる。言ふまでもなく學級意識でも學級精神でも不變性のものではない。社會を支配する法でも習慣でも道德でも變化するように時の推移につれて變化する。特に學級を組織してをる部員が發育盛の子供であるから其の身心の發達に伴うて自ら其の形質が變つてゆく。其の上子供の或者が他に轉校したり、新に他から加つたりすることから起る影響もある。此の變化に與る條件の中で最も大きな影響を及ぼすものは擔任教師の交代と、特色ある個性の持主である子供の入退と、發達の道程中に起る青春期への轉移であらう。所によつては頻繁な子供の入退に妨げられて學級としての生活が絕えず動搖不定の情態にある學校もあらう。此の如きは擔任者に取つてもゐのころ子供に取つても迷惑千萬なことであるから、何等か特別の方法を講じなければなるまい。此の如く內的外的の條件に左右されて學級意識でも學級精神でも變化するが、併し其の變化は飛躍的ではない、新な條件が加つても一貫して存續するものがある。獨のテオドール、リツトは此の間の消息を其の著「個人と社會」の中に次の如き樣式で表してをる。

1.	イ	ロ	ハ	ニ	ホ
2.	ヘ	ロ	ハ	ニ	ホ
3.	ヘ	ト	ハ	ニ	ホ
4.	ヘ	ト	チ	ニ	ホ
5.	ヘ	ト	チ	リ	ホ
6.	ヘ	ト	チ	リ	ヌ

數字は時の推移イロハは共同生活團體を組織してをる屬員である。今イロハニホといふ屬員を持つてをる共同精神が成立したと假定して、其の屬員の中からイが去つて新にヘが加つたとすれば、先代に出來た共同精神がロハニホといふ屬員に擔はれて存續し、新に加つたヘも之に同化されるわけであり、尠くも屬員として之に加つた限り其の影響を受けるわけである。而してイが去つて新にヘが加つたことによつて此の共同精神に變化が起るわけであるが、既に傳統になつてをる共同精神にはイも與つてをるから、2の時代になつての共同精神は、最初からヘロハニホで組織された共同生活の中に成立する共同精神とは

違ふわけである。此の關係は３４５６の時代についても同樣であり、代を重ねるに從つて其の共同精神に與つたもの丶範圍が擴大されるわけである。６の時代になつて初代のものが盡く消え失せて屬員が全然新になつてをるが、併し其の共同精神には初代の者も與つてをり、代を逐ふ間に一人宛去つてをるのであるから、６の時代になつての共同精神は最初からヘトチリヌで組織した共同生活に出來上るものとは違はざるを得ないと觀られるのである。個性の鮮かなものほど學級意識又は學級精神に影響を及ばすことが大であるが、件し十把一束的の者でもそれが居るか居らぬかによつて全體の上に何等かの違が起るわけである。我々の眼前に展開されてをる趨勢を觀ても物の數にも入らぬ人間の力の如何に大であるかを知られる。

我々は學級を組織する子供と其の擔任者だけについて述べて來たが、其の實學級意識又は學級精神に與る因子はそれに盡きてをるわけではない。寧ろ此の因子を拾ひあげて査察して見ようとすることが目標である。（未完）

學級論（承前）

佐藤熊治郎

七

成立の當初は殆ご構造といふべきほごの定形をもたぬ學級も月日を重ねるにつれて超個人的な學級意識の所有者になり、此の學級意識から客觀的な學級精神が成長することになる。學級を理想的な學級精神の所有者たらしめることが當面の責任者である學級主任は勿論、全校職員の任務であり全學校教育の任務でなければならぬ。學級がごんな學級意識で滿たされ、どんな學級精神の所有者となつた時に理想的と呼ばれ得るであらうか。

ロビンソンを外にしては人間の人間たり得るは共同生活に於てのみであり、共同生活の爲に活動する者にして始めて人格とも呼ばれ得るのである。敎育の目標になることを理論的に分析すれば多方面になるが、詮じつめれば「國民としての共同生活に於て其の共同生活の爲に活動する人格を」といふことに歸着する。而して共同生活の爲に活動するに就ての必須の條件となることは自己の私を抑へることである。自己を抑へる（寧ろ捨てる）といふ消極的の支柱なくしては共同生活にさゝげる積極的の活動もあり得ない。フィヒテは德と言ひ得べき唯一の德は自己を忘れることであり、惡といふべき唯一の惡は身勝手を考へることであるというてをるがフィヒテを待つまでもなく古來東洋の聖賢の垂れた敎が皆それであり、我近江聖人は之を愛敬の二字に歸着せしめてをる。愛敬の二字を體認して共同生活の福祉を增進することに努力する者が理想的の屬員であり、此の如き屬員で滿たされた共同生活團體が理想的の共同生活團體である。教育の究竟の目標となることは此の如き生活團體であり此の如き屬員である。公民教育の目標とても此の外には出でない。

成立當初の學級は之を外部から觀れば教育を受けるといふ目的又は自己を陶冶するといふ目的で結合された合理的の共同生活團體に觀えるが、其の實强制的に集められた小さい人格の一かたまりに過ぎない。けれども日々手をとり合つて遊ぶことを共にし、同じ室に集つて學ぶことを共にしてをる間に何時とはなしに情意の紐で結びつけられた共同生活團體の方向を取つて發達する。であるから學級の成立した當初から此に着目して理想的の小さい共同生活たらしめることに努力すればそれがやがて大人になつての共同生活の前階になり、狹い家庭の共同生活から國民としての廣い共同生活への橋梁になる。理論の方では夙に學校教育の重要な意義を此に認めて來てをるが、實行の方では毎々閑却されてをる、畢竟それは意識的に無意識的に學級を手段とのみ觀る個人主義に累はされてをるのであり、其の個人主義に於ても子供其のものよりも知識や技能の傳達を役目と考へる唯物主義に禍されてをるのである。教育に於ては何時でも理論の方が幾キロかの前方を步んでをる。

學級を狹い家庭の共同生活から廣い國民の共同生活への橋梁たらしめる爲には此の小さい團體を理想的の共同生活團體たらしめる目的で其の指導に當らなければならぬ。而して共同生活體は共通の內面的經驗の存する所にのみ成立する。偶然の出來事の爲に街路に集つた群衆は生活團とは言はれない。彼等を一時一かたまりとならしめるものは外的の出來事で、個人々々の內的生活はそれ〴〵孤立してをる。學級も成立當初は同樣であるが、尠くも學校にをる間は團體として行動を共にすることが多いので、其の間に敎師と子供等との關係及び子供等相互の關係から共通の思想感情意志が現れて來る。勿論それは子供の發達の程度によつて違ふことであり、敎師の仕向け方によつても違ひ、外部の影響特に家庭の影響によつても違ふことになる。例を家庭に觀らるゝように、眞の共同生活に於ては屬員を結びつける情意の紐が極めて鞏固であるが、學級といふ團體生活に於ては子供の幼いほど全體としての結合がゆるい。子供を自由に遊ばして置くなら團體遊戯よりは寧ろ個人遊戯に傾く。ただ其の間に暗示や模倣が作用して遊戯の方向を共にするだけである。けれども此の個人的主我的な子供も學校の生活に慣れるに從つて漸く社會的になり、お互に呼び合つて團體的に行動することを喜ぶようになる。既に團體的に行動するようになれば其の生活關係の中に大人の共同生活に觀る色々の形式が現れて來る。全體から仲間はづれにされぬ爲には全體を支配する秩序に順應しなければならぬ。之に順應すると共に自己の欲することの主張もする。此の間にうぶながら正義の觀念が作用し、仲間に對してすまぬといふ贖罪の感情も現れる。個性によつて違ふことではあるが總じては小さい人格の中に二重の意志が作用する、自己を主張すると共に共同生活の前に自己を獻げる。自己を獻げるでなければ仲間入を許されないから共同生活は凡てを一樣化する傾向を具へてをる。未成の人格も自らにして鄕に入つては鄕に從ふことを心得てをる、反省的にではなく自然的に。之と共に自己を主張し自己を發揮せんとすることに一樣化の反對である分化の方面個性化の方面を窺はれる。彼を保守的と觀れば是は共同生活を更新せしめる進歩的方面である（其の著しくなるは靑春期以後である）。進歩的方面を代表する者は身體的精神的に優れてをる者、特に意志の强い者である。仲間から推されておのづから指揮者の位置を占めるものは此の種の子供である。けれども單に强い意志で强情を張るのみでは指揮者の位置を贏ち得ない。意志の强い上に頭の能産的に働く者例令ば全體が或種の生活に倦んで更に之を新な方向に展開することを望んでをる時に、巧に其の展開すべき方向を捉へる者が全體から推されて指揮者になる。學級の中に此の種の指揮者を觀ることは珍らしいことではないが、學級といふ凡ての學級に見出されるわけではない、人爲的に作られた級長副級長と呼ばれてをるものは別として、屬員の凡てが同格關係で出來てをる學級も多い。

其の始め子供の單なる一かたまりに過ぎなかつた學級の中に、時間的空間的に同在して遊ぶこと學ぶことを共にすることによつて自ら學級意識が發生し、其の內部に或は同格關係或は指揮者と被指揮者の關係を生ずることになるが、之と共に見遁すことの出來ない事實は學級が分裂して幾グループをなす場合のあることである。子供の幼い間は恰も傳統や慣習によつて一樣化される未開人のように全體の傾向に同化される方面が强いが、身心の發達に伴うて漸く分化の方面が顯著になつて自ら學級內に幾グループを生ずることにもなる。其の主動因と觀るべきものは個性の相違であるが、其の他になほ家庭の階級や其の敎養の程度や職業の相違等も之に與る。時には父母の偏狹な虛榮心が子供を通して學級に影響して其の內部に分裂を來さしめることも起る。男女混淆に學級を組織した場合には自ら同性相引いてグループをなすことになるが、更に其の內部に分裂を來すことに於ては女兒の方が男兒よりも强い傾向を帶びてをる。是等の事實を心理學的社會學的に硏究して學級の類型を描いて見ることも必要であると思ふが今は姑く其の儘にして次に我々敎師と子供等との關係を考察して見なければならぬ。

我々は思想に混雜を來すことを避ける爲に專ら子供相互の影響によつて學級意識の發生するに至ることを述べたが、其の實之に與る重要な因子、とりわけ其の取る發達の方向に與る重要な因子は我々敎師である。學級は學校の一單位であり、幾單位から成る學校は其の共同生活の秩序を保つ爲に色々のきまりを設けてをる。其のきまりには場處に關することもあり、時間に關することもあり、物に關することもあり、人と人との關係に關することもあるが、敎師は入學の當初から子供をして是等のきまりに順應せしめることを力める。子供の間に現れて來る共通の思想感情意志は子供相互の影響のみで出來上るのではなくて、敎師の具案的な指導の下に同じ境遇に置かれて同じ行動を取ることから起るのである。子供相互の情意の影響は非合理的であるに對して、敎師の具案的な指導法は合理的である。言ふまでもなく敎師と子供との關係が此の種の合理的な方面に限られるわけではない。

寧ろ重きをなすことは教師の人格から及ぶ非合理的の影響である。けれども學校教育としては多人數を一團として教育する外に道がなく、そこに家庭の如き狹い共同生活に觀ることの出來ない長所も具へてをるのであるから、勢合理的な方法にも依らざるを得ない。此の如く一面教師の人格から及ぶ非合理的の影響が重きをなして、他面合理的な方法を缺くことの出來ないことが學校教育に於て最も苦心を要する點である。それに就ては到底筆舌を以て盡すことの出來ない部分もあるが、最初から取る我々の態度についても考へて見なければならぬ。

理論はともあれ事實に於ては學級を個人を教育する爲の手段と觀ての扱ひ方が多く、中には學級を組織して教育するのは經濟上の事情に制せられてのことで、此の制約だになければ個別教育が理想であると考へてをる教育者もある。此の種の見解に立つ場合でも社會人としての人格陶冶を目標とすると言ひ得るであらうが、併しそれでは文字や口舌のみに依る教育になつて、生活に依る生活にまでの教育にはならない。ルソーのエミールに於ける場合のやうに、子供を社會から引離して、個人對個人の關係で教育せんとするのは、殊更に教育を生活から隔離せしめるものである。現代の新しい傾向は學校と生活を相對立するものとも、それの用意の爲のものとも觀ないで、全生活の一切斷面と觀てをる、學校と生活を同意味のものと觀てをる。生活と學校の關係を此の如く解する者には學級は最早個人教育の單なる手段ではなくて、それ自身目的當體であることになる。個々の子供をして其の人格を成さしめると共に、超個人的な統一體としての學級を理想的の共同生活團體たらしめることが教育の目標になる。

學校の一單位としての學級も一般の共同生活同樣に自己の實現すべき理念を有たなければならぬ。學級の屬員が未成の人格であるところから、時代の文化を取入れ、之を同化することによつて更に自分の文化を創造し又は創造し得るに至るよう其の天賦の力を練磨することが其の一面になり、全體を支配すべき學級精神を理想的のものに發達せしめることが其の他面になる。前者は大人の勞作に該當する方面で、學級が文化を目的として協同する點で之を合理的な共同勞作團體と觀ることが出來、後者は非合理的な情意が其の結合の主要な紐となる點で之を共同生活團體と呼ぶことが出來る。共同生活としての學級は屬員相互に悅樂を共にし悲を別ち、協力して級規校規を遵奉し、一致して級の名譽學校の名譽を擁護し、其の内部が良風美俗で滿たされるに至らなければならないが、之を要約して言へば屬員の凡てが私を捨てゝ身を學級の前に獻げることが其の眼目になり、かゝる學級にして始めて家庭の共同生活と國民の共同生活の橋梁にもなる。學級の成立した當初から之を目標にして指導に當ることが我々の任務である。此の任務を果す爲には自分の方から加へる指導のことのみを考へないで、自分の指導以外に子供相互の影響で芽をふき出して來る共同意識に眼をとめなければならぬ。個々の子供を對象として考へる時に、其の天賦の力の内部から發展することに最も重きを置かなければならぬとすれば、共同生活の指導に於ても外部から手を加へて一定の形を取らしめんとすることよりも、寧ろ内部から成長するものゝ助成を主にしなければならぬ筈である。エレン、ケーなどの極端な自由主義にもなほ抹殺することの出來ない眞理の含まれてをるのは此の部分であり、理論にはあつても實行に於ては閑却されて來た此の部分を或は個々の子供を對象とし、或は其の共同生活を對象として高唱するのが現代の新思潮と呼ばれるものゝ一特徴である。言ふまでもなく子供の發達の程度に應じて指導の手の加へ方を異にしなければならぬ。子供の幼い間は學級として意識的に自己を高めることに努力することは望んで得べからざることであり、時に或一人の非行に對してみんなで非難の聲をあびせる場合でも、其の聲は學級としての自治的精神の發露ではなくて、寧ろ教師の不斷の躾けが適々定規にそれた一事件に出會つて測らず其の躾けの破綻に氣づいての聲に過ぎない。此の程度に於ては自ら教師の方で手を加へることが多くならざるを得ないが、其の加へ方の如何によつて學級意識の成長の方向に大きな相違を來すに至るはいふまでもない。

子供の身體的精神的の發達に應じて漸次指導の手を加へることを控へ目にして成るべく學級をして自由に自治的に其の共同生活を發達せしめる道を講じなければならぬが、併し初等教育時代は勿論中等教育の時代になつても全然子供の側の自治に任せることは出來ない。自由か教權かといふ問題は教育上の古い問題であるが、新しい教育が唱へられるに至つて一層省察を加へなければならぬ問題になつてをり、とりわけ青春期以後の教育に於て愼重に考慮しなければならぬ問題であるが、要するに身體的に精神的に略ぼ獨立に達するまでは自由と教權のいづれを缺くことも出來ない、であるからあます所は程度の問題であり、而も其の程度は數量的に定め得ることではなくて、具體的事實に卽しての教育者の人格的判斷に待つの外はないことである。

我國に古く行はれて今なほ多くの學校に採用されてをるものは級長制度であるが、此の種の制度中最も發達した形式を具へてをるものは學級又は學校を市町村自治團體又は小國家に擬してをる制度である。級長制度は過去に於ては自治的訓練といふ考もなく、漫然級長をして教師の代理を務めしめるに過ぎない時代もあつたが、教育思想のだん〳〵深められて來てをる今日に於ては、之を採用する限り教育的に意義あらしめることを力めてをることであらうと思ふ。けれども教師といふ立派な指導者の控へてをる上に尙ほ指導者格に當るものを設ける必要があるかどうか、此の種の制度は子供からどんな心持で迎へられてをるか、彼等の道德世界から見てどんな意味を有つてをるかに就ては篤と考へて見る餘地がある。

級長制度と竝んで一般的に行はれてをるものは當番制度である。此の制度は外的の必要に迫られて出來てをるものではあるが、其の務が共同生活に對する義務であり奉仕であることになる點で教育的意義を具へてをる。若し之を單に淸潔整頓に限らずに、子供にふさはしい色々な方面に擴張するならば、生活に依る生活にまでの教育の手段として有効なものたらしめることが出來るではあるまいか。但し勤務の結果よりも其の義務を果す過程に重きを置くべきであり、此の點について指導上細心の注意を要するものがある。

アメリカに端を發してをる自治制度は之を實行してをる學校の數に於ては僅少であつても、今日では既に世界的に名の知られてをる制度である。此の制度は共同生活に關する萬事を子供の側の合議によつて決定せしめ、其の實行機關として色々の役員を設けるもので、之によつて文化の發達した共同生活の特質を具へしめんとするものである。今此の制度の豫想となることを拾ひ出して見るに、第一に子供でも團體的に自分で自分を統制するだけの能力を具へてをるといふこと、第二には個々の子供の人格の自由な發達が敎師對子供の個的關係に於てなされるよりもより能く遂げられるといふこと、第三には制度其のものが子供の體驗の發達の程度に適するといふこと等になる。第一については子供の共同生活は大人の複雜な生活關係に比較すれば極めて單純であり、特に子供には大人のような利害の打算がないから、みんなで守るべき箇條を持出してそれの一致を見ることも容易であらう、實驗者の報道してをることが之を告げてをる。けれども合議によつて決したものであるといふことの爲め、又自分等の選擧した機關によつて監督されるといふことの爲めに子供等の實行力が加はることになるかどうか。假にそれが加はるとして其の根源が子供等の道德世界の中に在るかどうか。個人の私を抑へる仲間の拘束力が敎師のそれよりも強い場合には屢々其の背後に不純な因子の潜んでをることも經驗上の事實であるから、結果のみを觀て制度の善し惡しを卽斷することが出來ない。第二は直接第一と聯關してをる問題であるが、今假に共同生活の規約に背いた者があつてそれが實行機關又は學級全體によつてさばかれる場合に、其の子供の人格的發達の上から觀て敎師によつて扱はれる場合よりも有効であらうか。寧ろ經驗を積んでをる敎師、思慮分別に富んでをる敎師、子供銘々の個性を辨へてそれに對して深い同情もあり理解もある敎師によつて扱はれる方が遙に當を得るではあるまいか。制度の外形のみを見て、其の作用から及ぶ影響を看過してはならない。第三も直接第一第二と聯關してをる問題であり、之が寧ろ制度の當否を判斷する基礎になる問題である。發達に關する學說の中に個人の發達は種族のそれを繰返すといふ說があるが。嚴密には妥當しないでも事實の一面を捉へてをる。今日の自治制度は人類が盲目的に傳統や慣習に支配された時代を出發點として幾多の紆餘曲折を經て終に我の自覺に達した其の結果である。子供が自己の新な我を見出すのは靑春期以後であるといふので之を第二の誕生と呼んでをるが、第二の誕生に入つても直ちに獨立し得るわけではない、寧ろ其の後の數年間は精神的に獨立する爲の惡戰苦鬪の時代で、それだけ經驗に富んだ長者の愼重な指導を要する。此の如き內的生活の發達の過程から觀て果して政治の形式に倣つた自治制度が子供に喜んで迎へられる性質を具へてをるかどうか。子供は我々の草紙ではないから、アメリカ人の創意にかゝる形式を採用するに先だつて、篤と日本の子供の道德世界の發達を探つて見なければならぬ。此の研究は書籍にのみたよる研究では用をなさない。日々手にかけてをる子供其のものが原據であり、書籍は其の參考資料となるだけのものである。

學級が組織されゝば其の內部におのづから學級意識が發生することになり、此の學級意識を理想的の學級精神に高めることが我々の任務であるが、あまりに技巧の勝つた方法を取らずに、子供相互の影響、敎師の子供に對する影響、子供の敎師に對する影響が錯綜して自然的に學級を支配する客觀的精神を成立するに至らしめることが我々の體得しなければならぬ敎育的術である。此の術によつて學級を一貫する精神だに成立すれば必ずしも一定の形式で現した級規と言つた類のものを要しない。之を設けた場合でも輕卒に國家の法と同じ意味で扱ふことは出來ない。國家の法は森嚴であるが、校規又は級規は我々の子供に對する愛を主眼として取扱はれなければならぬ。（未完）

學級論（承前）

佐藤熊治郎

九

艸稿を送り出した後手控を持たずに次のものを立案するので、後になつて前後重複してをることに氣づくことも多いが、自分の心持では各節それ〲違つた視點から述べてをるつもりである。前號に於ては學級は生活團體（Lebensgemeinschaft）であると共に勤勞を共にする勤勞團體又は勞作團體（Arbeitsgemeinschaft）と觀られると考へてまづ前者について述べたのである。此の觀方は自分の創意ではなくて獨逸の教育界の思想を借り受けたものである、獨逸及び其の同族であるオーストリアに於ては戰前から勤勞學校といふ標語で表されてをる教育思潮が、殆と理論及び實際の中心問題をなしてゐたが、戰後の國情が公民教育及びそれと必然的に結合する職業陶冶の見地から一層勤勞學校の問題に教育學者及び實際家の心を集注せしめてをる觀がある。學習は子供に取つての勤勞であるが、勤勞の意味は個人を個人として觀る立場からのみ定まるのではなくて、寧ろ社會との關係を待つて定まるのである。重ねて言へば社會に對する義務であり奉仕であることに勤勞の意味が宿るのであり、此の義務を果す者にして始めて人格たり得るのである。學級を勤勞を共にする團體と觀るべき根據がこゝに存するのである。然るに過去に行はれて現在に存續してをる教育法は殆んど此の見地を缺いてをる教育法である。小學校の教育法が然りであり、中等學校及び高等學校の教育法に至つては一層甚だしい。如何なる點を捉へてしか言ひ得るのであらうか、我々は其の最も舊い形で而も今尙ほ眼の前に横つてをるものを描いて其の證左とする。

合圖の鐘が全校に鳴りひびけばそれまで無心に遊戯に耽つてゐた子供等も我にかへつて急いで自分の巣に集まる。教師も手にした澁茶を一呑にして待ち受けてをる子供等へと急ぐ。かくして教師から言へば教授、子供等から言へば學習といふ勤勞が始まることになるが、此の勤勞の目的物となつてをる教材が、教師と子供との關係及び子供相互の關係の上から觀てどんな考の下に如何に取扱はれるかによつて其の勤勞の構造の上に違ひを來すことになる。構造と言つても固定したものゝ組み合せをいふのではない、教材を目標點まで到達せしめる作用の聯關を指すのである。最も舊い形の教育法に於ては教師の視點となることは教材を提示して之を個々の子供に受納せしめることである。であるから一定の時間に一定の場所に集まつてはゐるが、其の關係は教師對個々の子供の關係であつて子供相互の關係は全く外面的である。時と場所とを共にしてをる以外には子供を内面的に結合せしめる何等の紐も存しない。勿論相互に刺戟し相互に示唆して其の學習が孤立の場合とは違つた學習になる。けれども子供の心の眼は同輩には向はないで主として教師に向ふ。教師の發問に對する同輩の答には意をとめないで專ら次で起る第二第三の發問のみに意を注ぐ。であるから形の上では學習を共にする團體生活に觀えるが、其の實個人的に學習する者の單なる集合に過ぎない。若し子供の自然性に教師の指導法が手傳つて成績のよしあし席次の上下を爭ふことになれば其の學習は一層主我的になる。中等學校の教師の中には此の自然性を利用して悍馬に等しい生徒を御する唯一の手綱としてをる向も珍しくはないが、我々初等教育者の間にも其の絕然であることの保證は出來まい。若し今次の試驗制度の改正が此の儘で存續するなら一層此の傾向を助長することになりはしまいか。

舊き教育に對して教師本位の教育教權主義の教育といふ芳ばしからぬしこ名が與へられてをる。教育は自由と相待つ教權を缺き得るわけのものではなく、又子供の助成者としての教師を缺き得るわけのものでもないか此の醜名は誇張に過ぎてをるが、併し片寄り過ぎた教育に對しては必ずしも妥當しないわけではない。子供の學習は他の代つて爲し得ることではないが、併し教師の活動と子供のそれとの關係に於て教師は專ら教へ込むことを本務とし、子供の活動がそれの反復練習に止まる場合には、全體の上から觀た活動の源泉が教師である點に於てそれは確に教師本位の教育である。同時に聊も子供自身の獨立活動が考慮されない點に於て教權主義の教育である。教權主義の教育は個々の子供にのみ眼を止めて、内面的に子供相互の活動を結合せしめることを圖らぬ點に於ては個人主義の教育である。右の如き態度を一變して教育を自己陶冶の助成作用であると考へると共に、勤勞の社會的意義に着目することにすれば、自ら個々の子供と共に超個人的の學級に意を致さなければならぬことになり、其の學習を内面的に結合された共同の勤勞たらしめることを圖らなければならぬことになる。舊き教育を教師本位の教育を罵つてをる兒童本位の教育説は著しく個人主義に傾いてをるものであるが、人格を社會との聯關に於てのみ認める教育は片寄つた個人主義と社會主義を超越した高次の立場に立つ教育である。此の立場に立つ時に學級を共同の勤勞團體たらしめることが我々に課せられた重要な任務となるのである。

一〇

子供の幼い間は生活を共にする團體ではあるが勤勞を共にする團體ではない。教師の下に集まつて團體的に遊戯する場合にはその遊戯が連鎖になつて子供を内面的に結びつけることになるが、勤勞が連鎖になつて子供を内面的に結びつけることになるのは稍々後のことである。經驗に富んだ實際家に教を乞うた上でなければ稍々的確なことを言ひ得ないが、恐らく尋常四年位までは勤勞を共にする團體生活に漕ぎつけることは困難であらう（そのうぶな形は實際の上に見受けるが）勤勞團體といふ場合には其の內容となる目的物が全員協力して仕上げる目標にならなければならぬ。從つて凡てが之に對して責任を感じなければならぬ。調べることでも考へることでも自分の爲のみにするのではなく、全體が助け合つて或結果を齎すためであると意識しなければならぬ。此の如き意識は幼い子供に期待し得ることではない。幼い子供の學習は其の發達の程度から來る自己中心の學習である。時と場所とを共にして形の上では共同に學習するが、活動の關係は主として教師と個々の子供の間に行はれて子供相互は內面的に無關心である。同輩の誤つた答を異口同音に否定したり、隣席の者と小聲で批判したりすることは每々見うけることであるが、是とて直前に述べた意味から言へば共同の勤勞と觀るわけにはゆかない。

個々の子供と共に全體としての學級を教育の對象と觀る者には之を理想的の共同生活團體たらしめると共に理想的の共同勤勞團體たらしめることが其の双肩に擔はせられた重い責任になるが、之を果す爲に講ずる方法は子供の發達の程度に適應しなければならぬ。學級は其の成立の當初は强制的に集められた子供の一かたまりに過ぎないが、漸を追うて超個人的な團體意識の所有者である共同生活團體になる。此の意識を最も能く現すものは遊戲の生活である。他の爲に無法に自分等の遊戲の妨げられた場合には共同的に其の正義の觀念（大人のそれの如く意識的のものではないか）を燃やして或は對者に反抗し或は教師に訴へることになる。勤勞を共にする團體生活の礎石となるものは此の共同生活である。であるから要約して言へば先行する共同生活を基礎として其の上に共同の勤勞を築き上げることが我々の目標であるべきことになる。但し我々の眼を端的に全體としての學級のみに注いではならない我々は既に出發點に於て學級は言はば二つの中心點を持つ楕圓の如きものであることを述べてある。學級教授に於ては學習を共同勤勞たらしめることを圖ると共に個人を獨立自存のモナードと觀て扱はなければならぬ。但しライブニッツの窓なきモナードと觀ては共同勤勞もあり得ないことにならうから、相互に影響し合ふことの出來る窓あるモナードと觀ざるを得ない。

二

前段に述べたことによつて學級教授に於ける學習は共同勤勞と獨立勤勞の兩面に別れるが、それがどんな形式を取つて現れることになるかを詮索する前に、先づ一般的に學級教授に起る社會心理學的現象について考へて見なければならぬ。我々は學級は共同生活團體であると共に共同勤勞團體でなければならぬと言つたが、言ふまでもなく之は二つの生活ではなくて同一生活の兩面である。團體としての生活の中に非合理的な情意の紐で結びつけられる方面と合理的な學習の目的によつて結合される方面とあるところから此く區別して觀ることが出來るのである。であるから合理的な學習の上に非合理的な情意が全く與らぬと考へるのではない。ただ團體的に遊戯したり遠足したり仲間の不幸に同情したりする場合とは違つて、共同の學習に於ては情意よりは寧ろ知能の方が主役を演ずると考へるのである。

共同生活も共同勤勞も一體としての社會生活の兩面に過ぎないから、甲に現れることが乙にも現れる。我々は既に共同生活には一樣化と分化又は個性化の兩傾向の現れることを述べてあるが、此の傾向は共同勤勞の上にも現れる。嚴密な意味で共同勤勞といふ場合には學習の目的物によつて全員か内面的に結合され、凡てが意識的に協力して目的を果すものでなければならぬが、此の意味の共同勤勞に限らず、各自が獨立して自分の目的を果さんとせる場合にも他と時間的空間的に同在する關係から一樣化と個性化の傾向が現れることになる。一樣化の起る主要な原因の一つは言ふまでもなく模倣性である。子供は一般に模倣性に富んでをるから學習に於ても自ら同輩特に優れた同輩の考へ方作り方書き方に刺戟されて之を模倣することになる。此の如く子供相互の影響によつて一樣化が起る上に教師の指導法も亦之に與る。教授の實際に就て言へば子供相互の影響よりも寧ろ教師の影響の方がより大である場合の方が多い。教材を取扱ふ行程は一般的には教師の腹案によつて定まることが多いから子供の知能の作用く方向も自ら一樣にならざるを得ない。國語で言へば讀本の一課を讀みこなすまでの全行程、それに於ての力の入れ所、文を分析的に綜合的に觀る其の觀方等教師の指導法によつて一樣に左右されることになる理科に於ける動植物の觀察の仕方及び其の考へ方の如きもそうである。一樣化の跡の最も眼につき易いものは圖畫・唱歌・體操・讀方の朗讀の如き技能に屬する方面である。中にも圖畫の如きは明かに指導者の反映であることを看取されることが多い。世の個性を尊重する自學主義の中には其の方法が硬化して子供の著しく一樣化されてをることを氣づかずに過してをるものゝあるも一奇である。我々の勤勞中此の一樣化を特色とするものは技術である。文化の進歩した社會の社會の技術は經濟上の見地から出來るだけ多量多產を目標とするので其の結果日に月に機械が改良されて一樣なものが製作されることになる。こゝには個人の製作品に現れる非合理的の要素が全然含まれてゐない。教授の方法も亦技術化して卵同樣見分のつきかねるものを養成することに傾き易い。他人の眞似事をする場合に於て特に然りである。新しい方法だと言つてをるものゝ硬化することも此の間の消息を告げてをる。教授者は常住此の起り易い傾向を警戒しなければならぬ。

分化卽個性化は意識的に他人と違つた結果を現さんと努力するに至つて現れる。勿論意識的に殊更に努力しないでも個性の十人十色である限り其の結果の上にどこかに違ひを現すことにはなる。けれども此の種の違ひは根幹を共にする無數の木葉でも一つとして全然同形に出來てをるものがないと同じことで、之を目して學習の個性化であるとはされない。恐らく機械で多量に生產されたものでも嚴密には全然同樣には出來上つてゐまい。學習の個性化といふ場合には其の結果の上に人格の眞髓をなしてをる非合理性のものが現れてゐなければならぬ。それも偶然に現れるのではなく意識的な努力の結果として現れたものでなければならぬ。2＋3＝5は誰が考へても此の外に考へようはないから數學だけは非合理性のものゝ加はる餘地がないやうにも思はれるが、併しユークリットの幾何學に對して非ユークリットの幾何學のあることを思ひ、幾様にか解答し得る算術の問題を與へた場合に或子供が群を離れて教師を驚かすような解答をしたとすると、そこには捕捉し得ない非合理性のものゝ働くことを認めざるを得ない。此の種の個性化の著しく現れることになるものは青春期以後のことであると思ふが、日常の經驗に徴すればそれ以前とても教師の仕向け方によつては現れないこともない。個性が教育の一重要視點であるのに、學級教授は子供相互の影響や教師の指導法の影響で凡てを一様化する強い傾向を具へてをるのであるから、之と權衡を保たしむべく、否寧ろ之に打ち勝たしむべく大なる苦心を拂はなければならない。

一様化及び個性化と並んで見逭すことの出來ない現象は共同學習（廣い意味で）の學習能率及び其の成績に及ぼす影響である。此の影響は成績を高める積極的方面とそれを低下せしめる消極的方面の二方向に別れる。モイマンは夙に其の「學校課業と家庭課業」と題する研究に於て教科によつて共同學習から受ける影響に相違のあることを述べてをるが、啻に教科によつて相違を來すだけではなく、子供の個性によつても異るは見易い道理である。通例何れの學校でも學業成績に基いて子供の間に上中下の價値階級をつけてをるが、凡ての現象同様に其の割合が凡そ 1:2:1 となつて中級に屬する者が最も多い。或實際家の調査したものでは次の如くになつてをる。

20－25%………上（普通以上）………その中1－2%………優秀
50－60%………中（普通）
20－23%………下（普通以下）

かく階級的に區分された子供に及ぼす共同學習の影響として現れることは、全體を中間から二分して其の下半部に屬する子供の中には共同學習によつて能率の促進される者が多く、反之上半部に屬する者には其の影響の現れることが少いといふことである。心理學者は之を説明して、後者は孤立して學習する場合でも全力を之に注ぐので共同學習によつて促進されるだけの力の餘裕がないのであり、反之前者は刺戟のない場合には心が緩み、刺戟を受けて始めて力を集注することになるので共同學習に於て能率が高まることになるのであると言つてをる。言ふまでもなくこれだけで學習能率に及ぼす共同學習の影響を言ひ盡したことにはならない。共同學習に於ては子供は言はば同輩の批判の前に立つものであり、意識的に無意識的に他人と比較して自分の力を測らうとすることにもなるから、或者はその爲に能率が高まり、或者は之を阻害されることになる。知能の質に於て劣らないでも速度に於て學級の平均速度に追ひつき得ない者は自ら共同學習では不良の成績を表すことになる。

右の外教師の取る方法の流とそれに對應する子供の學習の流の上に起るリズムや全體の上に現れる學習氣分も其の能率に影響する因子として見遁し得ないものである。學習氣分は教師と子供及び子供相互の刺戟から起るもので、個人の氣分が日によつて違ふと同樣に、學級の氣分も内的外的の影響によつて相違を來すが、併しおしなべて觀た場合に甲乙丙の學級の間に大きな懸隔の存することが多い。其の主要な原因をなしてをるものは學級を組織してをる子供の素質と其の指導に當る教師の人格であるが、其の外に子供の員數は勿論、學校衛生と審美上の見地から觀ての教室並に教具及び學用品とても決して輕視することの出來ない因子である。學習のリズムは教師の指導法から起る學習の變化で其の流が一樣平盤ではなく山と谷との關係で進むことをいふのである。リズムの勞作を容易ならしめることは日常ありふれた經驗であるが、此リズムに最も能く載るものは子供である。子供が幼ければ幼いほど注意の持續力が乏しいから、老練な教師は巧に子供をリズムに載らしてをる。最後に教師と子供の人格的關係についても一言しなければならぬ。子供の學業成績の良否が其の知能や勤勉努力の如何によつてのみ定まるのではなくて、半は教師の指導法に與ること今更言はずもがなのことであるが、中にも人格的に教師を信頼せぬことから起る影響については篤と反省しなければならぬ。極端な自由主義の教育を唱へる者の中には教師を選擇するは子供の權利であると叫ぶ者さへあるが、子供の中には何となく虫が好かない爲に或教師に對して毫も信頼の念を起さぬ者のあること必ずしも珍しいことではない。此の間に處するに教師を選擇するは子供の權利であるといふ筆法を以てしては到底議論が圓くをさまるべくもない。要するにかゝる場合には責を子供に歸することも教師に歸することも出來ないわけであるが、教育の見地から言へば教師に對して自省を求めざるを得ないことになる。共同勤勞團體としての學級については更に之を誤謬の心理學から眺めることも心要であると思ふがこゝには之を割愛することにする。(未完)

＊

＊

* *

學級論（承前）

佐藤熊治郎

三

前號に於ては一般的に學級內に於てする學習には敎師と子供及び子供相互の影響によつて其の學業の上に一樣化と個性化竝に其の促進又は阻害の起ることを述べたが、次に問題となることは學習の諸相である。我々は個人と社會との關係から學級內に於てする學習を獨立の勤勞たらしめる共同勤勞たらしめなければならぬ、と言つたが、之を敎育の實際に就て觀るに同一の時間に同一の敎室內で學習する點から言へば凡て共同學習に觀えるが併し子供の學習作用を主にして言へば個人的であることがあり、全體的であることもあり、更に敎師の活動と子供のそれとの關係に就て觀ても其の孰れかの主となることもある。であるから學習の諸相の一切を擧げてそれに含まれてをる長所短所を考察して見る必要がある。我々の觀るところを以てすればあり得べき學習の諸相が凡そ次の如きものになる。

一、教材が個人的に違ひ從つて學習も個人的に獨立する場合

二、教材は同一であるが學習作用は個人的である場合

1、學習が教師の教授に依存する場合

2、子供が獨立して學習する場合

三、同一の教材を學級全體で共同的に學習する場合

1、學習の範圍も進程も結末も凡て教師の手中に收められる場合

2、教師は指導者助言者として立つが主體となるものは學級全體である場合

3、一切を學級に任して教師は傍觀者となる場合

四、教材を分割して分擔によつて學習せしめる場合

1、分割された教材を分團的に學習せしめる場合

2、分割された教材を個人的に學習せしめる場合

五、同一の教材を分團的に學習せしめる場合

經驗に富んだ實際家は直ちに氣づくであらうと思ふが我々のこゝに擧げた諸相は學習の目的を達するまでの全行程中に起るものを分析的に考へて見たもので、或學習は始から終まで右に擧げた或一つの形式で通すことになり、他の學習は二つ以上の形式の結合によつて始めて目標點に到達することになるのである。世に行はれてをる個別學習から共同學習へといふ行程が既に之を告げてをる。我々は順を追うて右の諸相の利弊を考へて見ることにする。

一、教材が個人的に違ひ從つて學習も個人的に獨立する場合

此の學習の構造の特色となる點は言ふまでもなく子供が始から終まで獨立して勤務する點に存する。卽ち學級内に於てする學習ではあつても學級が解體して個々の子供になる。自由選題の綴り方及び自由畫並に手工の自由製作の如きは之に屬する。若し個人の作爲したものを更に學級の前に持出さしめて之を批判の對象とするなら其の時には第三の形式に移つたことになる。倫敦のリンチの學校で行つてをるダルトンプランの如く午前中の三時間を自修に當てゝ教科でも進度でも凡て子供の自由に任じてをるものも此の形式に屬する。ダルトンプランでも獨立に自修したものゝ或部分については後に之を共同學習に移して確實に收得せしめることを圖つてをる。上級學校に於て練習として生徒に物理•化學•生物學等の實驗を行はしめてをる如きも此の形式に屬する。

我々は旣に團體的生活が個人を一樣化する强い傾向を具へてをることを述べてある。團體の中に於ては個人は單獨の場合と違つた感じ方考へ方執意の仕方をして屬員の凡てが一樣化することになり易い、而も其の一樣化は意識的よりは寧ろ無意識的に行はれることが多く危險もそこに伏在してをる。蓋し一樣化は言はば個人をして精神的に非自由とならしめるものであり、人格の本質を傷はしめるものであるからである。生活團體としても勤務團體としても學級に此の傾向の强いことを思ふ時に之と權衡を保たしめる爲に他から閉された獨自の學習を重んじなければならぬことになる。第一の學習形式の價値の一つを此に認められるのである。勿論他と時間的空間的に同在する限り直接間接其の影響を受けることを免れない。けれども學習の態度其のものは本質的に獨立獨行的である。

此の如く學習を獨立獨行的ならしめることは後の生活から眺めても大事なことである。生活に對しては我々はどこまでも共存共榮の精神で立たなければならぬが、併し其の共存共榮は萬事につけて他に力をかすとか他の援

助を仰ぐとかいふ意味ではない。人銘々獨立獨行的に社會人としての本分を盡すことがやがて共存共榮ともなるのである。生活が此の如きものであるとすれば學校教育に於ても夙に子供をして此の態度を養はしめることが肝要である。此の學習形式の價値の第二を此に認めることが出來る。

此の學習形式に含まれてをる第三の意味は子供各自をして、其の個的天稟に適ふことをなさしめ得ることである。如何にせば學級教授に於て子供の力を其の天性に應ずるように作用せしめ得るかは常に我々教師をなやましてをる問題であるが、嚴密な意味の共同學習に於ては其の最も善き場合に於ても或制限された度合に於て其の目的が果されるだけである。然るに今問題としてをる形式に於ては時間的空間的の同在の爲に影響を受けることはあつても、大體に於て知能の優れた者も劣つてをる者も、其の敏いものも遲いものも、腕の利く者も鈍い者もそれ〳〵自分の力に應じたことを爲し得ることになる。

第四に靜に落ちついて仕事をする習慣を養ひ得ることも此の形式の價値である。共同學習に於ては不知不識名譽心や競爭心が作用いて心の駒が前方へ前方へとはやつて皮相淺薄に流れ易い。此の心理的自然を全然除去することは出來ないからそこで他の學習形式によつて其の缺陷を補ふことにしなければならぬ。此の形式が恰も其の補充の役を務め得るのである。

右の外獨立獨行的に學習の目的を果す點に於て自制自治の精神が養はれ、困難に打ち勝つことによつて自信の高められることなども此の學習形式の價値である。凡て或學習形式に含まれてをる意味を意識するとせざるとによつて其の指導法の上に相違を來しそれに基いて全體としての効果の上にも懸隔を生ずることになる。是繁を厭はずに分析的に之を探つて見る必要ある所以である。

二、材料は同一であるが學習作用は個人的である場合

其の一、學習が教師の教授に依存する場合

此の形式に屬するものに說話法に依る修身教授・歷史教授・地理教授・教師の說明に依る算術教授・理科教授・教師の敍述に依る文の鑑賞又は解釋等である。教師から言へば學級が對象であるが個々の子供の學習作用は內面的に聯關するわけではない。最も舊い教授は教材の本質的差別に拘りなく應用練習以外は凡て此の形式に依つたもので所謂教師本位の教授法であつたが、新看板の兒童本位の教育は其の正反對に出でゝ同じく教材の本質的差別を考へることなく凡て一様に子供をしてなさしめようとする。此の兩極から離れて其の中心點に立つことによつて始めて各の弊を脫却することが出來る。こは世にありがちな餘議なくされての妥協ではなくて教授の主體と客體(此の區別を斥ける者もある)並に其の中間に挾まる教材の本質に由來するのである。我々はこゝに揭げた學習形式の利弊を明かにする爲に自ら心の眼を此の點に向けなければならぬ。

凡て教材は自己に特有な構造を具へてをり、それに應じて指導の方法も學習の仕方も異らざるを得ない。太郎と二郎の二人で九錢のお足を分けるのに、太郎の方が一錢だけ多く取るとすれば各ゞれだけになるかといふ問題が與へられたとする(尋二にあつた實際)此の教材に內在する論理は一義的であり一般的である。誰が考へても

9錢－1錢＝8錢　　9錢＋1錢＝10錢

8錢＋2＝4錢　又は　10錢÷2＝5錢

4錢＋1錢＝5錢　　5錢－1錢＝4錢

であらざるを得ない。此の客觀的價値が主觀內に消化される場合に本質的には主觀の個相によつて其の消化の仕方に相違を來すといふことはない。言ひ換へれば其の價値の性質に個人的の差別がない。從つて指導法及び學習法も教材の構造中に內在する論理に應じて自ら一般的なる。此の程度の學習は具體的直觀的の思考に依らしめる

でなければ教師の期待する結果を收めることが覺束ないから、實物又はカードの類を用ひて其の分配法を實演せしめて然る上に之を算式に移すことにならう。これ以外にも良法があるかも知れないが孰れにしても問題の解決されるまでの主觀の取る行程は教師に於ても子供に於ても論理的に一定したものになる。非合理性を特色とする教師の人格は子供を扱ふ嚴格さ又はやさしみの上に現れても當面の目標である數理的價値に到着せしめる行程の上から觀れば格別重きをなすことではない。子供の主觀についても同樣である。

理科教授に於て概念又は法則を目的とする場合も同樣である。尋常五年で挺子の原理を教へることになつてをるが、通例俗人は挺子を使用してゐても其の原理については全く盲目である。技術はあつても其の背後に潛んでをる法則については全く知る所がない。子供に至つては或は全然其の技術についての經驗さへも缺いてをるやも測られない。そこで教授者は日常卑近の例を拾ひ出して物を動かすに挺子を以てすれば徒手でするよりも容易であるのはどうしたわけかと疑問を誘發し、實驗を暗中模索に陷らしめぬ爲に始終此の疑問を中心に立たしめて例の錘を以てする實驗を行はしめることにならう。かくて挺子の釣合ふ多くの場合から歸納的に支點と力點の間の距離と力に關する法則が發見されて出發點の物を動かすに挺子を以てすれば容易なわけも釋然と解かれることになる。此の場合にも挺子に內在する論理は一義的一般的で人格によつて相違を來すことはない。又實驗の方法が幾樣あつても本質的に法則に到達する行程に相違を來すことはない。

教材と人格の關係から觀て理科又は算術と大に趣を異にするものは修身歷史及び國語の詩的教材等である。尋常五年の國語の補充教材として次のものが取扱はれた。

歌かるた女はかりの夜はふけぬ　　子規
めでたさも中位なりおらが春　　一茶

雲雀より上にやすらう峠かな　芭蕉
椿落ちて昨日の雨をこぼしけり　蕪村
さゞれ蟹足はひのぼる清水かな　芭蕉
五月雨やある夜ひそかに松の月　蓼太
秋風や何時まで逢はぬ野路二つ　虚子
松深く萩の徑のつきずある　碧梧桐
船がついて候とはぐ蒲團かな　一茶
ふぐ汁の我生きてゐるねざめかな　蕪村

教授の實際に現れた教師と子供の應答から察して子供にも或程度の理會と鑑賞が出來るものだとは思はれたが併し其の理會と鑑賞の深さに至つては全く知るよしがない。前に擧げた算術教材と理科教材に於てはそれは內在する意味が論理的に一定してをるから理解に質的の差がない、理解するかせぬかの何れかで內面的經驗に性質上の差がない。反之詩の理會と鑑賞については全く外部から觀て判斷がつかない。最後の「ふぐ汁の我生きてゐるねざめかな」に關して子供等の間に酒を飮んでねたのだ飮まずにねたのだの論爭が起つて多數は其の肯定の側であつたが、飮まずにねたのだと主張する側は句の何處にも其の事が現れてゐないといふことを理由としてをる。此の理由に對して肯定の側は言外の意味を汲んだものであるとも觀られるが併し作者の主觀を色々想像する時句の本質に屬せぬことまでも加へることになり易い、今の場合は恰もそれである。兒童本位主義者のかゝる場合に處する方法を見ると凡てうやむやである。單に子供等をして自發的に討究せしめたといふことを以て滿足してをる。兎まれ角まれ我々はこゝに引用した實例によつて教材の中には其の理會の一義的には定まらぬものゝ存することを知り得た。それは畢竟敎材其のものに特有な構造の然らしめるところである。凡て藝術的作品の根源をなしてをるものは分析の手の屆かぬ奥深い内面的生活の中心點である。觀察によつて追蹤することの出來ない神秘の境である。三度繰返して言へば人格の眞髄をなしてをる個性である。前に掲げた詩の凡てが最も能く作者の個性を告げてをる。此の如く分析によつて追蹤することの出來ない過程を通して作られたものを如何にして理會することが出來るであらうか。之を經驗に徴するに詩の理會に到達ずる途は詩中の人となることを力める外には存しない。全人格を傾けて詩に沈潛する時に詩人によつて作られた客觀的のものが新に其の主觀内に生きることになる。言を換へて言へば自己の體驗によつて新に作られることになる。非合理的の體驗から產み出されたものに近づかんとするには同じく非合理的な體驗に依るの外はない。理會の對象は同一でも理會其のものに於て個人的の相違を來すことになる其の原因がこゝに存するのである。勿論理會は十人十色でも其の間に共通なものがないとは考へられない。かくては人間相互の理會は全く不可能なことになる。ふぐ汁に我生きてゐるねざめかなの一句に接して人々の感ずる心持は大凡そ一致する。けれども既に子供等の間に酒を飲んだ飲まぬの爭が起つてをるように其の理會が算術の問題理科の問題の如くに一義的には定まらない。のみならず理會を言葉に現した時に大體一致するとしても、内面的生活の中には言葉に現し得ないで殘されるものがある。此の殘されるものが寧ろ詩の理會の本質で而もそれは個人的に相違するものである。

同樣のことが修身敎材歷史敎材の理會にも當てはまる。共に分析の手の屆かぬ非合理的な人格の表現であるから非合理的な體驗によつて新に内的に作る外に理會の道がなく、從つて其の理會が一義的には定まらない。であるから他の敎材の如くに學習の結果を精確に捕捉することは出來ない。捕捉し得るものは言葉に表し得る事實の記憶乂は判斷だけである。此の記憶乂は判斷が内面的生活の全面であるわけではない。詩の場合同樣言葉に現し得ないものが後に遺され、而も此の後に遺されるものこそは、此の種の教材から及ぶ影響中の最も大事なものである。

こゝで我々は出發點に引返して教師が主になつて說話し說明し叙述する形式の得失に就いて考へて見なければならぬ。思ふにどんな教材でも子供の發達の程度を考へずに選擇されるわけはないから、從つて之を獲得せしめるについて子供の自發性を參加せしめ得ないわけもない。子供をして自力で挺子の法則を發見せしめることは望み得ないことであるが、其の結果に到達するまでの思考の過程に子供の自發性も參加せしめて、實驗的に恰も自分で發見したかの如くに學習せしめることは容易である。古風の教授法の呪はれる所以は全然子供の自發性を無視した點に存する。けれども兒童本位主義者の如く教材の構造を問ふことなしに全然教師の說話又は叙述に依る方法を斥けるも謂れのないことである。教材が人格の奥深い中心點から產み出されたものである場合には論理的の教材とは違つて之を內面的に新に活かすでなければ理會することが出來ない。此の事は前に揭げた詩の取扱に觀ても知られるように子供の自發性を參加せしめても出來るが、教材によつては教師の體驗內に活かされたものによつて之を子供の內面にも躍動せしめるを利ありとするものもある。個性の上に於て教師と子供と同一であり得ない限り教師の內面に動くものと子供のそれと同一ではあり得ないことであり、當面の教材が子供の個性に容れられぬものである場合には縱令それが教師の人格內に新に活かされても子供の上にはそれに應ずる反響を見られぬことにもなるが、幸にして子供を其の教材に沒頭せしめ得たならば外形上は子供を受動の位置に立たしめても實際には之を言葉の容器たらしめてをるものではなくて人格たらしめてをるのである。人間は我を忘れ我を獻げて價値に沒頭した時に單なる人間ではなくて人格であることになる。此の如くして子供を人格たらしめる教授は子供の自發性を無視するが如くに見えて實は內面の奥底から起る眞の自發性を作用かしめる教授である。要すゐに兒童本位の考から教師の說話又は叙述を斥けるのは教材の構造に內在する廣義の論理を辨へぬ皮相の見解である。

其の二、同一の材料を子供銘々獨立して學習する場合

此の形式に屬することは題材を共にする綴り方•圖畫•算術問題の解答、一定の條件を附せられた共の作題、各科の豫習及び整理等である。教師から拘束的に同一の仕事の課せられる點が第一の材料の個人的に自由な場合と違ふだけで個々の子供が獨立獨行的に學習する點はそれと共通である。學習の間に教師又は仲間の力を借ることはあつても本質的には獨立獨行の學習である。であるから第一の形式に含まれてをる價値がやがて此の形式の價値でもある。たゞ材料が同一であるから子供の個性に適應せよといふ要求が制限せられて大體同じ方向を取つて同じ速度で作用かしめることになり、其の爲に子供の或者は不利益を蒙ることになる。こは多數の子供を對象とする上に基本的教材の豫想される限り免れ得ないことである。此の缺陥の對策として考へられたものゝ一つがマンハイムシステムである。此のシステムの根本原理としてをることは「凡ての子供が陶冶を受けるについて同等の權利を有する」といふことである。昔は平等の意味をはきちがえて一凡ての子供が同等の陶冶を受ける權利を有する」と主張されたものであるが、天禀に差等のある限り此の如きは望んで得べからざることである。同等の權利は同等の陶冶を受けるについての權利ではなくて各自の個性に適ふ陶冶を受けるについての權利であるといふのがマンハイムシステムの精神であり、教育に關する眞の平等觀は是以外にはあり得ないわけである。ダルトンプランの如きも今問題としてをる形式の缺陥に策應する一つの方法になるが、實際には尙ほ多くの缺點が含まれてをる。（未完）

＊　＊

學級論（承前）

佐藤熊治郎

一三

前號から學級内に於てする學習の諸相を描いて其の得失を考へることにしてあるが、自然の聯想にひかれて動もすれば岐路に迷ひ込む嫌がある。學校教育が學級を單位として行はれる限り縱令學級を視點としても自ら教育一般に觸れざるを得ないことになるは理の當然であるが、其の爲に迷ひ込んだ岐路にさまようては視點を失うたことになる。我々は之を警めつゝ學習諸相の考察をつづけることにする。

三　同一の材料を學級全體で共同的に學習する場合

其の一　學習の範圍も進程も結果も凡て教師の手中に收められる場合

此の形式に當るものは古く行はれ來つた教師本位の問答法である。自分の知る限りに於ては内外共に最も廣く行はれてをるものは此の形式である。ダルトンプランに於てさへ其の共同學習に於ては此の形式に依つてをる。嚴密な意味で共同學習といふ場合には單に時間的空間的に同在するだけではなく、子供各自の學習作用の間に直接の交渉がなければならぬ筈であるが、此の形式に於ては教材を中心としての心の交渉が發問する教師と應答する子供の間に行はれるのみで他の一般の子供は傍觀傍聽の位置におかれ、心の眼が發問する教師にのみ惹かれて應答する仲間の其の應答の意味には殆ど無關心である。のみならず教師の方は到達點にゆきつくまでの全野を見わたして（腹案）そこに導く爲の發問をするのであつても、子供の方には其の見通しがなくて單に教師の後を追うて眼の前のものだけを見て進むことになる。語を換へて言へば子供の知能の作用く方向が教師によつて決定されて其の學習が教師の腹案に縛ばられた學習になる。此の短所に眼をとめて發問者は萬事を心得てをる教師であるべきではなく知らぬが故に問ふことを要する子供でなければならぬといふのが子供の獨立自由を高調する新思潮の叫びである。けれども此の形式とても全然無價値であるとは言ひ得ない。獨立自由は尊いが子供の發達の程度を無視しての獨立自由は非教育的になり反自然になる。子供は自由を欲するものであり、自由を與へることによつてのみ獨立自尊の人格たらしめ得ると考へるのは盾の反面だけを見ての立論である。子供は自由を欲すると共に身體的精神的に優越な者にたよる傾向も强い。又自由が獨立の人格たらしめる爲の手段であると共に拘束とても缺くことの出來ない手段である。我々は今更此の種の事を繰返す必要はないと思ふから專ら問題としてをる形式の利點について考へて見ることにする。我々の眼に觸れる教授の實際に就て言へば如何にも子供は何の爲の發問かを意識することなしに眼の前に現れたものだけに心をひかれることが多い。之は一には子供の發達の程度から起ることであるが、一には教師の指導法が當を得ないのである。多くの場合子供の心の眼が主として教師に向つて仲間の應答に對して殆ど無關心であることも事實である。之も子供の自然であると共に教師の仕向けもわるいのである。此の起り易い缺陷に心をとめて子供をして教授の出發點で定めた目標を機に應じて振返らしめることを力め、協力して問題を解かうとするのであるといふことを意識せしめる爲に仲間の應答を疎略に聞き流さぬやうに習慣づけ、楫は教師の方で探つて子供にも自由に疑問を提出させ、之に對する意見も自由に述べさせることにし、表面に現れる活動を局部に偏せしめぬ爲に發問の分配にも意を用ふるならば、前後一貫中心點を失ふことなしに子供の全體を活動せしめることが出來て小學校程度の子供の指導法としては蓋し中庸を得たものになる。どんな方法でも利弊の兩面を具へてをるが常であるから弊を矯めて利を收めることを我々の標的としなければならぬ。

形の上で問答法と大に趣を異にして而も此の形式に屬すと觀られるものは唱歌の合唱體操の一齊運動讀み方の齊讀及び書取珠算の速算時間を區切つてする計算練習等である。問答法に於ては教師に導かれて共同して考へる點で其の學習が横に結びつけられるが、今の場合では縱に竝行することになる。けれども凡てが他とタクトを合せて進む點では共同の勤勞であることになる。

其の二　教師は指導者助言者として立つが主體となるものは學級全體である場合

此の形式に屬するものは世に謂ふ自由討究法で獨逸のガウディック及び其の一派は之を自由の精神的勤勞と呼んでライプチッヒの女子高等學校に實施し、其の經驗に基いて小學校の上級に於ても行ひ得べしと主張してをる。自由の精神的勤勞に於ては問題を立てる者も解く者も凡て子供であるべく、教師は教材の媒介役に當るのではなく、單に必要の起つた場合の忠言者たり助言者たるべしといふのであるから、従つて生徒の頭數が多過ぎては勿論、あまりに少數でも目的を達し得ないと言つて三十名前後を適當であるとし、仲間の聲を單に耳で聽くだけではなく顏から讀むことも、必要であるといふので圓座式を主張し、尙ほ又教師の指名は勿論仲間の指名も避けて發言を自由ならしむべしと要求し、其の上發問術の練習の爲に發問遊戯を行はしめることの必要、おしやべり時間(Plauderstunde)を設けることの必要までも唱へてをる。

此の形式の本質となることは內的作用の直接の交涉が舊式の問答法の如くに教師と指名された子供の間に行はれないで學級全體の子供間に行はれることである。問題の提出者も解答者も凡て子供たるべしといふことで前の形式に含まれてをる拘束が全然解除されたことになり、原理上凡ての子供が其の個性を現し得るわけであり、他の考に刺戟されて自分で新な方面を思ひつくことにもなり、自分の考へたことの缺陷を他に指摘されて反省を促されることにもなり、優秀な子供は他に刺戟されて利益することが割合に少いが、普通以下の子供は共同のお蔭で獨自の力では出來ないことも爲し得ることになり、學習の結果が外部から與へられないで共同の力によつて內部から發展することになり是こそは學習によつて結びつけられた眞の共同勤勞團體になる。けれども我々のこゝに描いたものは机上で理想化したものに過ぎない。教育の實際は中々理想化通りには行はれない。其の理想化通りに行はれないことを見て其の責を單に教師の術の未熟又は其の努力の不足にのみ歸することは出來ない。寧ろ此の形式の子供の個性と發達の程度竝に團體生活に對する關係も考へて見なければならぬ。

尋常一年乃至四年に於ては氣分ののんびりした學級であつたら子供は槪して饒舌である、中にも男の兒は特に饒舌である。每々突拍子な事を言つて仲間を笑はしたり教師を困らしたりする子供もをる。それはつまり此の時代の子供一般の特質が適々此の種の子供をかりて強く現れるのでごの子供でも順序を立てゝ物を考へるなごいふことは出來ない。思考に順序がないから大人から觀れば飛躍的である。思考に於て飛躍的である時代は感情生活の勝つ時代であり主として記憶と想像の支配する時代である。此の如き時代に對して學級を主體とする嚴密な意味の共同勤勞は望み得べくもない。寧ろ舊套を脱して新裝に於てする第一の形式が此の時代に適する。

我國で自由討究法の行はれてをるのは大體尋常五年以上であるかと思ふが、此の時代は感情生活から脱却して心の眼が外界の事物に向ふ時代である。想像の世界に遊ぶよりは寧ろ具體的直觀的に思考する時代である。此の程度より更に一歩を進めて事物を離れて言語によつて抽象的に思考し得るに至るのは青春期以後である。自由討究法は意味ある問題を立て得ることを豫想し、解決の誤つてをる點を指摘する批判力を豫想し、他方面に現れる解答をすぐつて統一する綜合力を豫想するものであるから若し理想的に行はれ得るなら恐らくそれは青春期以後に於てであらう。然るに我國に於ては中等以上の學校は殆ど之を問題にしてゐない。之を實行してをるものは程度に於て早まり過ぎぬかと危ぶまれる小學校である。願はくば我々の危ぶむことを杞憂に終らしめたいものであるが事實は必ずしも之を許さない。子供の個性と其の發達の程度及び團體生活の自然の心理から色々の缺點が現れて來る、第一に自分一人で落ちついて考へる場合とは違つて名譽心や競爭心が刺戟されるかる判斷が輕率になる。さなきだに子供は輕はづみなものであるが、自由討究といふ形式が一層之に傾かしめる。第二にこれもこれも心の視界が狹いのであるから動もすれば枝葉末節に屬することが主要問題として扱はれて時間の浪費を來すことになる。ガウディク一派が問題の立て方の練習の必要を說いてをるのも此から來てをることゝ思はれる。第三には主として口舌の雄者が働いて知能に於て勝れてゐても話すことに於て拙な者及びそのどちらに於ても劣者である者が犧牲にされることになる。團體的に生活する限り個人の不利益を蒙る場合の起ることは已むを得ないことであるが、指導者としては個人の權利の擁護も考へなければならぬ。第四に此の學習法の常として討論の收拾が困難になつて最も大事な學習の目標點がうやむやの間に葬り去られることになる。遊戲とは違つて勤勞を意味する學習は結果物を豫想する。結果物を齎さぬ場合には學習を志しても實は遊戲に終つたといふことになる。起り易い是等の弊を避ける爲には教師は單に必要の起つた場合の助言者として立つだけではなく或程度まで積極的に手を加へなければなるまいが、さすれば子供の自由が制限されて第一の形式に近づくことになる。

其の三　一切を學級に任じて教師は單なる傍觀者となる場合

あり得べき場合としては此の如きことも許へられることになるが、此の形式は學級としての自己訓練を豫想すること頗る大で小學校に於ては行はれ得べくもないことである。

四　教材を分割して分擔によつて學習せしめる場合

1、分割された教材を分團的に學習せしめる場合
2、分割された教材を個人的に學習せしめる場合

ケルシェンスタイナーは夙に公民教育の見地から分團的に共同作業に當らしめることの必要を說いてをるが、學級を共同の勤勞團體たらしめて之によつて社會人としての人格を陶冶する爲には、習慣に泥むことなく色々の方法を案出して其の實行に努力しなければならぬ。こゝに掲げた形式の如きは必ずしも世に其の影を觀ないものではないが、一には習慣に泥むため、一には易きにつかんとする人情の弱點から世の教育者に閑却され勝ちになつてをるものである。此の形式の特徵となることも協力によつて或結果を齎すことであるが、其の結果に到達する前階として或は分團的に或は個人的にそれぞれ違つた方面を分擔して學習せしめるのである。例令ば算術教授に於て時の物價を問題として實地に就いて或者には食料品或者には食器或者には衣類の價格を調査せしめる如きである。實際家にして工夫を凝らすなら各科について適切な分擔材料を見出し得ることであらうと思ふ。理科に

於て個人的に又は分團的に違つた植物の發育を觀察して記錄せしめ、違つた種子について硏究せしめ、違つた樂器について音の硏究をなさしめ、鄕土地理に於て生業のことを實際的に學習せしめるために一局部だけでも實地について商賈の種類と其の數とを調査せしめるなど其の一例である。かくして分擔的に調査又は硏究されたものが、更に全體の前に持ち出されて廣い見地から結合統一されなければならぬから、日常行はれてをる指導法に比較して頗る面倒な仕事になりそれだけ時間もかゝることになるが、幸にして成功するなら結果は勞を酬いて餘あるではあるまいかと思ふ。特に此の學習法に於ては自分の勤勞が全體に對する奉仕になると共に他の勤勞によつて自分の勤勞が補充されることになつてそこから社會倫理的情操が養はれることになる。

五　同一の教材を分團的に學習せしめる場合

通例理科の實驗に於て行はれてをるものが此の形式である。教師が此の種の分團の意味を如何に解するかによつて各分團の共同作業の上に相違を來すことになるが、多くの場合教師は設備の都合上已むを得ず分團法を取つてをるのであると考へてをり其の上學年の上になるほど材料が困難なものになるので自ら共同作業に含まれてをる教育的意味には心をとめないで只管知的の過程と結果のみに注意を傾けることになる。導かれる子供の側も同樣である。であるから共同勤勞に依る社會的訓練といふ見地から殆ど態を具へてゐないことが普通である。法制的經濟的知識の媒介以上に重要なことは學習といふ勤勞を通しての社會的訓練であると思ふが教育の實際の上ではそれが殆ど忘却されてゐる。

前號以來の此の項を終るに際して學習の上に起る共同勤勞の特色について一言して置く。世の共同勤勞中には色々な意味に於て利益の分配を目的として結合されてをるものも多いが、學校教育に於て子供を結合せしめるものは陶冶の材料として選ばれた客觀的價値である。結合の紐となるものが客觀的價値である上に子供には元來利害の打算がない。此の二點に於て既に共同勤勞を理想的の共同勤勞たらしめ得る條件が具つてをる。けれども子供にも名譽心もあれば嫉妬心もあり、反情もあれば支配慾もあり、共同の妨げとなる幾多の要素が具つてをる。此の間に處して社會人としての人格を陶冶することは決して一擧手一投足の能くするところではない。對者が子供である爲に其の仕事も至つて樂なものに觀られてをるが、眞面目に其の職責を考へる者には堪へきれぬ重荷として感ぜられるのである。（未完）

＊

＊

編集・解説

橋本美保（はしもと・みほ）

一九六三年生まれ。東京学芸大学教育学部教授、博士（教育学）

主な著書等　『明治初期におけるアメリカ教育情報受容の研究』（風間書房、一九九八年）、『大正新教育の思想　生命の躍動』（共編著、東信堂、二〇一五年）、『文献資料集成　大正新教育』全Ⅲ期・全二〇巻（監修・解説、日本図書センター、二〇一六・一七年）、『大正新教育の受容史』（編著、東信堂、二〇一八年）ほか

遠座知恵（えんざ・ちえ）

一九七六年生まれ。東京学芸大学教育学部准教授、博士（教育学）

主な著書等　『近代日本におけるプロジェクト・メソッドの受容』（風間書房、二〇一三年）、『大正新教育の思想　生命の躍動』（分担執筆、東信堂、二〇一五年）、『大正新教育の受容史』（分担執筆、東信堂、二〇一八年）ほか

大正新教育
学級・学校経営 重要文献選
第Ⅰ期 高等師範学校附属小学校における学級・学校経営
第2回配本 第4巻
東京高等師範学校附属小学校2・
広島高等師範学校附属小学校

編集・解説 橋本美保・遠座知恵

2019年12月25日 初版第一刷発行

発行者 小林淳子
発行所 不二出版 株式会社
〒112-0005
東京都文京区水道2-10-10
電話 03(5981)6704
http://www.fujishuppan.co.jp
組版/昴印刷 印刷/富士リプロ 製本/青木製本
乱丁・落丁はお取り替えいたします。

第Ⅰ期・第2回配本・全3巻セット 揃定価（揃本体54,000円＋税）
ISBN978-4-8350-8287-5
第4巻 ISBN978-4-8350-8288-2

2019 Printed in Japan